말이 두렵지 않은
어른이 된다는 것

고전에서 건져 올린 품격의 언어

말이 두렵지 않은 어른이 된다는 것

김이섭 지음

SNOWFOX.𝑝

다정한 어른이 되기 위한
말의 품위를 찾아서

말이 아름다우면 그 울림도 아름답습니다. 말에는 말하는 사람의 인격과 품성이 그대로 배어나기 때문입니다. 말은 마음의 소리이고 마음은 말의 뿌리입니다. 마음이 아름다운 사람은 아름다운 말을 하고, 아름다운 말을 하는 사람은 그 마음 또한 아름답기 마련입니다. 그러나 우리 주변을 돌아보면 말을 아무렇게나 내뱉는 사람들이 적지 않습니다. 상대가 알아듣든 말든, 어떻게 받아들일지에는 별다른 관심이 없어 보입니다.

옛말에 '곰은 쓸개 때문에 죽고, 사람은 혀 때문에 죽는다'라는 말이 있습니다. 모든 화는 입에서 시작된다는 뜻입니다. 이를 두고 '구시화문(口是禍門)', 곧 입은 재앙의 문이라고 했습니다. '인생상가망신 언어점려팔분(人生喪家亡身 言語占了八分)'이라는 중국 격언도 있습니다. 사람이 패가망신하는 원인의 팔 할이 말에서 비롯된다는 뜻으로, 중국인들이 어려서부터 배우는 말이라고 합니다. 또 '설저유부(舌底有斧)', 혀 아래에는 도끼가 숨어 있다는 사자성어도 있습니다. 말 한마디를 잘못하면 화를 부를 수 있으니 늘 말을 삼가라는 뜻입니다. 어쩌면 우리는 입에 도끼를 문 채 태어나 그 도끼로 남을 베다가, 끝내는 나 자신을 베는지도 모릅니다.

세상일은 뿌린 대로 거두게 되어 있습니다. 말도 다르지 않습니다. 어떤 말은 메아리가 되어 돌아오고, 어떤 말은 부메랑처럼 되돌아옵니다. 내가 던진 말과 태도는 결국 다시 나에게로 돌아옵니다. 그게 세상의 이치입니다. 예전에 한 고깃집에서 '남의 집 귀한 자식'이라고 적힌 티셔츠를 입은 젊은이들의 모습을 본 적이 있습니다. 짧은 문장이었지만 오래 마음에 남았습니다. 내가 귀하다고 해서 남이 천해지는 것은 아닙니다. 남을 낮춘다고 내가 높아지는 것도 아닙니다. 오히려 남을 천하게 여길수록 나 자신이 더 초라해질 뿐입니다.

여기서 잠시 원효의 '화쟁(和諍)' 이야기를 해보고자 합니다.

화쟁은 원효 사상의 핵심입니다. 서로 다른 주장과 관점을 배척하지 않고 조화롭게 아우르려는 철학입니다. 모든 논쟁을 다툼이 아니라 화합으로 바꾸려는 시도입니다. 원효는 장님이 코끼리를 만지는 비유로 이를 설명합니다. 코끼리를 만진 장님들은 모두 코끼리에 대해 말합니다. 각자가 만진 부분만 놓고 보면 모두 옳습니다. 그래서 '개시(皆是)'입니다. 그러나 그 누구도 코끼리 전체를 알지는 못합니다. 그래서 동시에 '개비(皆非)'이기도 합니다. 전체의 맥락에서는 틀리고, 부분의 맥락에서는 맞는다는 뜻입니다.

즉 '개시개비(皆是皆非)'는 옳고 그름을 둘로 가르는 이분법적 사고를 넘어서는 사유입니다. 나의 옳음이 절대적일 수 없음을 인정하고, 더 큰 옳음을 향해 나아가자는 제안입니다. 나무만 보거나 숲만 보는 것이 아니라, 나무도 보고 숲도 함께 보는 시선입니다. 이 세상에는 단 하나의 옳음만 존재하지 않습니다. 서로 다른 옳음이 공존합니다. 나와 다른 옳음을 배척하지 않고 받아들일 때, 비로소 더 깊은 옳음에 다가갈 수 있습니다. 나의 일리(一理)와 남의 일리(一理)가 합쳐져 합리(合理)가 되고, 온전한 진리(眞理)에 이를 수 있습니다.

말이 쉽다고 뜻이 얕은 것은 아닙니다. 뜻이 깊다고 말이 어려워야 하는 것도 아닙니다. 가벼운 두레박으로도 깊은 우물에서 물을 길어 올릴 수 있습니다. 오히려 두레박이 무거우면 물을 제대로 길어 올리기 어렵습니다. 이제 저는 깊디깊은 고전의 우물에서 가벼운 두레박으로 물을 길어 올리려 합니다. 그 물이 생명수(生命水)였으면 좋겠습니다. 말 그대로 생명을 살리는 물 말입니다. 그 물을 여러분과 함께 나누어 마시고 싶습니다. 그리고 자라나는 우리 다음 세대에게도 그 물을 전해주고 싶습니다.

새봄을 맞이하며
김이섭

3부 신중과 절제
말로써 만나고 말로써 멀어진다

말은 순간의 선택 같지만, 사실은 오래 쌓인 마음의 결과입니다.

무엇을 말하는지는 결국 어떤 사람으로 살아왔는지를 드러내게 됩니다.

고전은 말 잘하는 법을 알려주지 않습니다.

말이 입 밖으로 나오기 전에, 자기 자신을 먼저 돌아보게 합니다.

말에는 그 사람의 품격이 담긴다

마음에서 울려 나오는 말

우리가 하는 말은 하늘에서 느닷없이 뚝 떨어지는 것이 아닙니다.
마음속에 담아두었던 무언가가 어느 순간 밖으로 툭 튀어나올
뿐입니다.

'행복해서 웃는 게 아니라 웃어서 행복하다'라는 말이 있습니다.
반은 맞고 반은 틀리는 말입니다.
행복해서 웃을 수 있고 웃어서 행복해지는 것처럼,
말도 따뜻한 마음에서 나오고 따뜻한 말로 인해 마음도 더불어
따뜻해지는 것입니다.

말은 마음의 소리입니다.
지금부터 내가 건네는 말 한마디에 마음을 조금 더 보태보세요.

그러면 나도, 내 말을 듣는 사람도,

나아가 이 세상도 조금은 따뜻해지지 않을까요?

마음에서 울려 나오는 말의 힘을 믿습니다.

말이 아름다우면 울림도 아름답다

말이 번거로운 사람이나 거친 사람이나, 미덥지 않기는 같습니다.

거친 마음에서는 거친 말이 나오고,

불순한 마음에서는 불순한 말이 나옵니다.

장황하게 말하지 않아도 진심이 담긴 말은 한마디면 충분합니다.

말이 아름다우면 울림도 아름답습니다.

말하는 사람의 인성과 품격이 그대로 말에 배어나기 때문입니다.

아름다움은 억지로 꾸미는 것이 아니라 자연스레 가꾸어지는 것

입니다.

겉만 번지르르하게 꾸며서는 안 되고,

마음 안에서 정성을 들여 가다듬어야 말 역시 단정해집니다.

말은 소중합니다.

아무렇게나 내뱉어도 되는 것이 아닙니다.

말하기 전에 마음을 먼저 다스리면,

말은 절로 간결해지고 부드러워집니다.

서두르지 마십시오.

마음의 소리에 조용히 귀 기울인 뒤에 입을 열어도,

결코 늦지 않습니다.

言美則響美 言惡則響惡

열자列子(BC 400?~?),《열자列子》〈설부說符〉

말이 아름다우면 울림도 아름답고, 말이 거칠면 울림도 거칠다.

內不足者 其辭煩 心無主者 其辭荒

성대중成大中(1732~1809),《청성잡기靑城雜記》〈질언質言〉

내면이 부족하면 말이 번거롭고, 마음이 다스려지지 않으면 말이 거칠다.

좋은 말은 언제나 따뜻하다

어느 카페에서는 손님이 "커피!"라고 주문하면 1,000원을 받고,
"커피 주세요!"라고 말하면 900원을 받는다고 합니다.
여기에 "안녕하세요!"라는 인사까지 덧붙이면 800원을 받는다
고 하네요.
재미있죠? 말 한마디가 이렇게나 차이를 만듭니다.

'골디락스(Goldilocks)'라는 말이 있습니다.
보통 높은 경제 성장에도 물가가 오르지 않는 이상적인 경제 상
태를 뜻하는데요.
지구와 비슷한 환경을 갖추어 생명체가 살기에 너무 춥지도, 너
무 뜨겁지도 않은, 딱 알맞은 조건의 행성을 가리킬 때 쓰이기도
합니다.

말의 온도도 이와 비슷합니다.

그리고 그 따뜻한 온도는 마음의 온도에서 비롯됩니다.

말이 따뜻하면 마음이 오가고, 마음이 오가면 관계가 살아납니다.

서로를 격려하고 위로하는 말, 존중과 배려가 담긴 말, 누군가에게 힘이 되는 말은 모두 마음에서 우러나오는 따뜻한 말입니다.

이런 말들이 오가는 세상이야말로 '소통의 골디락스'가 이루어지는 곳이 아닐까요?

따뜻한 말에는 언제나 그보다 더 따뜻한 마음이 전제해 있습니다.

好言一句三冬暖 話不投機六月寒
작자 미상, 《증광현문增廣賢文》
좋은 말 한마디는 한겨울에도 따사롭고, 때에 맞지 않는 말은 한여름에도 차갑다.

남을 상하게 하는 말은 창보다 무섭다

남을 상하게 하는 말은 어쩌면 창보다도 무섭습니다.

가시처럼 뾰족하고 칼로 베는 것보다 더 날카롭습니다.

반면에, 사람을 이롭게 하는 말은 솜처럼 부드럽고 편안합니다.

마음을 따스하게 감싸줍니다.

말은 우리 인간에게만 주어진 소중한 선물입니다.

이 놀라운 축복을 무심코 입 밖에 던짐으로써,

스스로 저주로 바꾸는 어리석음을 범해서는 안 됩니다.

與人善言 煖於布帛 傷人之言 深於矛戟
순자荀子(BC 298?~BC 238?),《순자荀子》〈영욕榮辱〉

좋은 말은 베나 명주처럼 따뜻하고, 남을 상하게 하는 말은 창보다 무섭다.

利人之言 煖如綿絮 傷人之語 利如荊棘
범립본范立本(?~?),《명심보감明心寶監》〈언어言語〉

사람을 이롭게 하는 말은 솜처럼 포근하고, 사람을 상하게 하는 말은 가시에 찔리듯 아프다.

바른말로 나를 바로 세운다

"잔소리는 왠지 모르게 기분 나쁜데, 충고는 더 기분 나쁘다."라는 말이 있습니다.

상대의 말이 자신에게 얼마나 도움이 되는지는 중요하지 않습니다.

듣기 싫으면 외면하고, 듣기 좋으면 기꺼이 받아들이려 합니다.

하지만 귀에 좋은 말이 오히려 인생을 망칠 수도 있다는 사실을 잊어서는 안 됩니다.

바른말은 이치와 도리에 맞는 말입니다.

귀가 아니라 마음에 담아 두어야 하는 말입니다.

바른말을 본받아 자신을 바로 세워 보세요.

바른말을 받아들이는 용기가 나를 단단하게 세웁니다.

法語之言 能無從乎 改之爲貴
공자孔子(BC 551~BC 479), 《논어論語》〈자한子罕〉
바른말을 어찌 따르지 않을 수 있겠는가. 자신의 잘못을 알고 고치는 것이 중요하다.

말재주보다 말의 품격이 먼저다

말을 그럴듯하게 늘어놓는 사람은 많습니다.

그러나 말만 번지르르할 뿐,

품격이나 행동이 따라주지 않는 경우도 많습니다.

말을 잘한다고 일을 잘하는 것도 아닙니다.

말을 잘한다고 인생을 잘 사는 것도 아닙니다.

아무리 말을 잘해도 언행이 일치하지 않으면,

결국 '말짱 도루묵'에 불과합니다.

말을 잘하는 것과 말을 바르게 하는 것은 전혀 다른 문제입니다.

사실과 진실에 부합하는 말, 남을 존중하는 말,

바르고 아름다운 말을 해야 합니다.

덕이 없는 사람이 말을 지나치게 많이 하는 모습은 아무리 봐도 '꼴불견'입니다. 말만 잘하는 사람보다는 말도 바르게 하는 사람이 아무래도 좋습니다.

말이 행동을 앞서는 사람보다,
말로 행동을 책임지는 사람이 좋습니다.
어진 사람은 결국 어진 말을 합니다.

말을 잘 꾸미는 재주보다 마음을 드러내는 말의 품격이 무엇보다 중요합니다.

狗不以善吠爲良 人不以善言爲賢
장자莊子(BC 369?~BC 286?), 《장자莊子》〈서무귀徐无鬼〉
개가 잘 짖는다고 훌륭하다 할 수 없고, 사람이 말을 잘한다고 어질다 할 수 없다.

겸손한 말로 남을 존중하라

'말이 씨가 된다'라는 속담이 있습니다.

말하던 것이 언젠가는 일어난다는 뜻입니다.

우리가 하는 말은 모두 자기 예언과도 같은 것입니다.

'언참(言讖)'이라는 말도 있습니다.

미래를 맞추어 예언하는 말을 가리키는 것인데,

생각해보면 우리가 일상에서 하는 말도 언참처럼 작용합니다.

말이 씨가 되면 언젠가 열매를 맺습니다.

좋은 씨를 심으면 좋은 열매를,

나쁜 씨를 심으면 나쁜 열매를 맺기 마련입니다.

말의 씨는 마음의 씨와도 같습니다.

사랑하는 마음도 미워하는 마음도 결국 말로써 드러납니다.

덕담을 하면 마음이 너그러워지고,

악담을 하면 마음이 사나워집니다.

내가 하는 말은 내가 가장 먼저 듣기 때문입니다.

상대방을 존중하십시오.

남을 높인다고 내가 낮아지는 것은 아닙니다.

남을 높이면 나도 함께 높아집니다.

遜言順辭 尊敬於人 棄結忍惡 疾怨自滅
법구法救(BC 200?~?),《법구경法句經》〈언어품言語品〉
공손하고 유순한 말로 남을 존중하고, 번뇌를 버리고 악을 참아내면, 미움과 원망이 저절로 사라
진다.

말로 상대를 누르려고 하지 마라

걱정이나 근심이 있는 사람은 남에게 좋은 말을 건네기 어렵습니다.

그래서 먼저 자신의 마음부터 다스려야 합니다.

마음이 편안해야 상대에게 따뜻한 말을 할 수 있기 때문입니다.

누구에게라도 강요하거나 억압하는 말은 하지 마십시오.

남을 누르는 말은 감정만 상하게 할 뿐만 아니라 관계 자체를 굳어지게 만듭니다. 상대에게 필요한 것은 다그침이 아니라 북돋움이며, 질책이 아니라 격려입니다.

그렇다면 좋은 말이란 무엇일까요? 서로를 얽매지 않고 마음 편히 나누는 말, 그런 말이 좋은 말입니다.

是以言語者 必使己無患 亦不尅眾人 是爲能善言
법구法救(BC 200?~?), 《법구경法句經》 〈언어품言語品〉
그러므로 말은 자기 스스로 근심이 없게 하고, 다른 사람을 누르려고 하지 않아야 한다. 이것을 능히 좋은 말이라고 할 수 있다.

말을 알아야 그 사람을 알 수 있다

'지언(知言)'은 사리나 도리에 맞는 말을 뜻합니다.

남의 말을 듣고 옳고 그름을 분별할 줄 아는 지혜이기도 합니다.

'지인(知人)'은 사람을 안다는 뜻입니다.

사람의 됨됨이를 살필 줄 아는 눈을 말하기도 합니다.

《예기(禮記)》에 보면 '불이사진인(不以辭盡人)'이라는 말이 나옵니다.

말만으로는 사람을 온전히 다 알 수 없다는 뜻입니다.

말하는 모습을 모르면 그 사람을 알 수 없지만,

그렇다고 말만 보고 그 사람의 전부를 판단할 수도 없습니다.

不知言 無以知人也
공자孔子(BC 551~BC 479), 《논어論語》〈요왈堯曰〉
말을 알지 못하면, 사람을 알 수 없다.

가는 말부터 고와야 한다

반상(班常), 즉 양반과 상사람의 구별이 엄격하던 시절의 이야기입니다. 양반 두 명이 푸줏간에 들어섰습니다.

한 양반이 먼저 주인에게 말했습니다.

"이봐, 백정! 쇠고기 한 근 줘."

곧바로 다른 양반도 주문했습니다.

"이보시게, 김 씨! 나도 쇠고기 한 근 주시게나."

푸줏간 주인은 말없이 고기를 달아 처음 주문한 양반에게 건넸습니다. 그리고 다음으로 주문한 양반에게는 "어르신, 여기 있습니다."라고 공손하게 말하며 더 좋아 보이는 고기를 내주었습니다. 첫 번째 양반이 화를 냈습니다.

"저 양반하고 나하고 왜 고기가 다른 것이냐?"

푸줏간 주인은 태연하게 대답했습니다.

"그쪽은 백정이 자른 거고, 이쪽은 김 씨가 자른 거라 그렇습
니다요."

우리 속담에 '가는 말이 고와야 오는 말이 곱다'라는 말이 있지요.
하는 말이 곱고, 듣는 말이 곱고,
그러다 보면 결국 서로가 고운 말로 이어지는 것일 뿐,
무엇이 먼저인지는 따져볼 필요가 없습니다.

누가 먼저인 게 뭐 그리 중요한가요?
내가 다정히 말을 건네면 상대도 따뜻하게 응답할 것입니다.
너무나도 당연한 이치입니다.

來語不美 去語何美
홍만종洪萬宗(1643~1725), 《순오지旬五志》
오는 말이 곱지 않은데, 어찌 가는 말이 곱겠는가.

뜻이 통해야 한다

말은 뜻이 통해야 합니다.

맞는 말이지만 실제로는 쉽지 않습니다.

같은 말을 해도 서로 다르게 말하고 다르게 듣기 때문입니다.

사람은 대개 자기가 말하고 싶은 대로 말하고,

듣고 싶은 대로 듣습니다.

젊은이들은 기성세대와 말이 통하지 않는다고 하소연하고,

기성세대는 젊은이들과 말이 통하지 않는다며 불만을 토로합니다.

말이 통해야 서로를 이해하고 갈등을 줄일 수 있는데도 말이지요.

말은 그 뜻이 상대에게 온전히 전달되는 것이 중요합니다.

과장되거나 왜곡되거나 거짓되지 않아야 합니다.

한마디로, 진정성이 있어야 합니다.

말은 일방통행이 아니라 쌍방통행입니다.
우리가 잊지 말아야 할 것은 나에게는 '오른쪽'이,
상대에게는 '왼쪽'이라는 사실입니다.

미덥다는 것에 대하여

'구수왜직취라(口雖歪直吹螺)'라는 말이 있습니다.

입이 비뚤어져도 나팔은 바로 불라는 뜻으로, 우리 속담 '입은 비

뚤어져도 주라는 바로 불어라'와 같은 의미입니다.

'입은 비뚤어져도 말은 바로 하라'는 속담도 자연스레 떠오르지요?

말이 잘못 나오는 것은 결국 입이 아니라,

마음이 비뚤어져 있기 때문입니다.

단지 상대의 비위를 맞추기 위한 것이 아닙니다.

때와 상황, 사실에 맞추어 말해야 비로소 참된 말이 됩니다.

《논어》〈안연〉 편에는 '무신불립(無信不立)'이라는 말이 나옵니다.

즉 믿음이 없으면 바로 설 수 없다는 뜻입니다.

말이 미덥지 않으면 바로 설 수 없고,
사람이 미덥지 않아도 바로 설 수 없습니다.
서로 믿고 의지할 수 있는 관계는 마침내 우리의 입에서 나오는
미더운 말에서 비롯됩니다.

庸言之信 庸行之謹 閑邪存其誠
공자孔子(BC 551`BC 479), 《주역周易》〈건괘乾卦〉
평범한 말에도 신의를 지키고, 평범한 행동에도 신중함을 다하며, 사악함을 막아 진실함을 갖춘다.

아름답기만 한 말은 미덥지 않다

미사여구로 진실을 담아낼 수 있을까요?

그렇지 않습니다.

상대에게 듣기 좋게 꾸민 말이기 때문입니다.

겉의 아름다움과 속의 아름다움은 늘 일치하기 어렵습니다.

겉을 꾸미는 데 마음을 쓰다 보면, 내면을 가꾸는 일은 쉽게 뒤로 밀립니다. 그래서 미사여구만 늘어놓는 말은 믿기 어렵습니다.

솔직하고 꾸밈이 없는 말, 가식 없는 말에 사람들은 마음을 엽니다.

겉으로 번지르르한 말보다 반듯하고 담백한 말이 더 미더운 이유입니다.

말의 무게를 아는 사람일수록 입을 쉽게 떼지 않습니다.

말이 많은 사람은 아는 것이 많아서가 아니라,

정작 제대로 아는 것이 없어서 말을 둘러대는 경우가 더 많습니다.

겉만 번드르르한 빈말은 요란하게 들리지만,

속이 단단한 말은 조용히 깊이 스며듭니다.

信言不美 美言不信 善者不辯 辯者不善 大辯如訥

노자老子(BC 571?~471?), 《도덕경道德經》

믿음이 가는 말은 아름답게 꾸미지 않고, 아름답게 꾸민 말은 믿음이 가지 않는다. 선한 사람은 말을 둘러대지 않고, 말을 잘하는 사람은 선하지 않다. 진정한 달변가는 어눌해 보이나 신중하다.

말은 꾸밈이 없어야 한다

우리 주위를 가만히 둘러보면 꾸며낸 말로 사람을 속이려는 이들이 가끔 보입니다. 겉으로는 그럴듯해 보이지만 막상 들여다보면 전혀 그렇지 않은 경우가 많지요. 꾸며낸 말은 결국 사람을 기만하는 말이지, 진실을 담은 말이 아닙니다.

말은 진실해야 합니다.
그럴듯하게 포장한다고 해서 거짓말이 진실이 되지는 않습니다.
교묘한 말에는 군자의 근본인 '인(仁)'이 깃들기 어렵습니다.
어질지 못한 사람의 말은 대개 덕을 흐리고,
사람의 마음을 어지럽힙니다.

참되고 아름다운 말은 꾸미는 말이 아니라,
정성을 기울여 가꾼 말입니다.

가장 인간적인 말이 가장 아름답고,

또 가장 설득력 있는 법입니다.

말을 지나치게 꾸미는 사람은 경계해야 합니다.

말을 꾸며대는 사람이 다른 일이라고 꾸미지 못할 이유는 없기 때

문입니다.

巧言令色 鮮矣仁
공자孔子(BC 551~BC 479), 《논어論語》〈학이學而〉
말을 교묘하게 하고 얼굴빛을 꾸미는 사람 중에 어진 이는 드물다.

巧言如簧 顔之厚矣
공자孔子(BC 551~BC 479), 《시경詩經》〈소아小雅〉
교묘한 말솜씨는 피리 소리 같으나 그 얼굴은 두껍다.

깊이가 있는 말의 힘

세상에는 쉬운 일을 어렵게 말하는 사람이 있고,

어려운 일을 쉽게 말하는 사람이 있습니다.

특히 많이 배운 사람일수록 굳이 이해하기 어려운 단어나 개념을

사용해 말을 복잡하게 만들 때가 많습니다.

지적인 우위를 드러내고 싶어서일 수도 있고,

어쩌면 본인도 내용을 잘 이해하지 못해서일지도 모릅니다.

하지만 쉬운 말로도 충분히 깊은 사상과 철학을 전할 수 있습니다.

이는 가벼운 두레박으로 깊은 우물 물을 퍼 올리는 일과 같습니다.

두레박이 무거우면, 오히려 깊은 물을 제대로 길어 올리지 못할

수도 있습니다.

깊이가 있는 말의 힘

우물이 깊을수록 두레박은 가벼워야 하고,

우물이 깊을수록 더 맑고 신선한 물을 얻을 수 있습니다.

말도 그렇습니다.

쉽게 말하는 능력이 더 깊은 말의 힘을 가집니다.

言近而旨遠者 善言也
맹자孟子(BC 372~BC 289),《맹자孟子》〈진심盡心〉
쉽고 가까운 말로도 깊고 심오한 뜻을 전달한다면, 그것이야말로 좋은 말이다.

말의 티는 갈아 없애기 힘들다

'옥에 티'는 훌륭한 물건에 생긴 작은 티끌을 말합니다.

눈에 잘 띄고 가치도 떨어지기 때문에,

갈아 없애고 다시 옥을 매끄럽게 다듬어야 합니다.

말도 그렇습니다.

말에 흠집이 있으면 듣기에도 좋지 않고,

말하는 사람의 품격 역시 떨어집니다.

문제는 말에 난 티가 그리 쉽게 없어지지 않는다는 점입니다.

어릴 때부터 몸에 밴 말버릇은 고치기까지 시간이 오래 걸립니다.

그렇다고 해서 말의 티를 없애려는 노력을 멈출 수는 없습니다.

말은 결국 나를 드러내는 보석과 같기 때문입니다.

티 없이 맑은 하늘을 떠올려보세요.

그것만으로도 마음이 환해지지 않나요?

한 마디 말도 신실해야 한다

기계 장치는 톱니 하나만 빠져도 움직이지 않습니다.

항아리에도 작은 틈 하나가 생기면 물이 모두 빠져나갑니다.

말 또한 그렇습니다.

한 마디라도 미덥지 않으면,

그 사람이 하는 말 전체를 신뢰하기 어렵습니다.

말에 생긴 작은 틈이 그 말에 대한 믿음 전체를 흘려 보내버리기

때문입니다.

말이 바퀴라면, 그 한 마디는 톱니와도 같습니다.

톱니가 서로 잘 맞아 돌아가야 바퀴가 온전히 움직입니다.

말 한 마디 한 마디가 작은 것처럼 보여도 결코 사소하지 않습니다.

일리(一理)와 일리(一理)가 모여 합리(合理)가 되고,

온전한 진리(眞理)에 닿을 수 있습니다.

오롯이 미더운 사람은 말 한 마디에도 진심을 담습니다.

全體皆完 一孔偶滲 猶是破甕 百言皆信 一語偶誑 猶是鬼徒
정약용丁若鏞(1762~1836),《여유당전서與猶堂全書》〈우시이자가계又示二子家誡〉
전체가 온전해도 구멍 하나가 생기면, 그건 깨진 항아리일 뿐이다. 백 마디 말이 믿을 만해도
한마디 말이 미덥지 못하면, 그 사람 역시 믿기 어렵다.

말로써 덕을 베풀어라

부처님의 전생담을 담은 《잡보장경》에 보면 121가지 설화가 실려 있는데, 그 안에는 '무재칠시(無財七施)'라는 가르침이 있습니다. 즉 재물이 없어도 베풀 수 있는 일곱 가지 보시로 화안시(和顔施), 언사시(言辭施), 심시(心施), 안시(眼施), 신시(身施), 상좌시(狀座施), 방사시(房舍施)가 그것입니다.

화안시는 밝은 얼굴로 베푸는 것이고, 언사시는 따뜻한 말로 베푸는 것입니다. 심시는 너그러운 마음으로, 안시는 다정한 눈빛으로 베푸는 것입니다. 신시는 몸으로 하는 보시이며, 상좌시는 자리를 양보하는 것이고, 방사시는 거처를 내어주는 것입니다.

밝은 얼굴, 너그러운 마음, 다정한 눈빛, 따뜻한 말 한마디……. 모두 돈이 없어도 누구나 베풀 수 있는 것들입니다.

말은 덕의 근본입니다. 말로써 덕을 베푸는 일은 가장 어려우면서도, 어쩌면 가장 쉬운 일입니다.

말 한마디에 천 냥 빚을 지기도 하고, 천 냥 빚을 갚기도 합니다.

말 한마디에 사람이 상하기도 하고, 사람이 살아나기도 합니다.

덕이 있는 사람은 해야 할 말을 합니다. 그가 하는 말에는 덕이 실리고, 그 덕은 세상을 조금 더 밝고 깨끗하게 만듭니다.

그러한 말들로 날마다 조금씩 덕을 쌓아가는 것,
그것이 인생입니다.

言者 德之柄也 行之主也 身之文也
서백언徐伯彦(592~666), 《당서唐書》〈서백언전徐伯彦傳〉

말이란 것은 덕의 자루이고, 행동의 주체이며, 몸의 문채(광채)이다.

有德者 必有言 有言者 不必有德
공자孔子(BC 551~BC 479), 《논어論語》〈헌문憲問〉

덕이 있는 사람은 반드시 말을 해야 한다. 그러나 말을 한다고 해서 반드시 덕이 있는 것은 아니다.

남을 위하는 말이 옳은 말이다

누군가 눈을 감고 있다면,
졸린 것일 수도 있고 생각에 깊이 잠긴 것일 수도 있습니다.
배를 움켜쥐고 있다면,
배가 아파서일 수도 있고 배가 고파서일 수도 있습니다.

배가 아픈 사람에게는 약을 주어야 하고,
배가 고픈 사람에게는 밥을 주어야 합니다.
소의 먹이는 고기가 아닌 풀이듯,
상대에게 맞지 않는 배려는 배려가 아닙니다.

말도 그렇습니다.
말은 내가 하지만, 그 말을 듣는 이는 상대방입니다.
그래서 말은 상대의 마음을 헤아려 건네야 합니다.

남을 위하는 말이 옳은 말이다

잘하는 사람에게는 칭찬을, 중요한 일을 앞둔 사람에게는 응원을, 지치고 힘들어하는 사람에게는 당연하게도 위로와 격려를 전해야 합니다.

대화에서 생기는 많은 문제는 상대 때문이 아니라 나를 위한 말을 하려 할 때 생깁니다. 내 마음을 풀기 위한 말이 아닌 말을 건넬 때, 비로소 그 말이 옳다고 할 수 있습니다.

言使投意可 亦令得歡喜 不使至惡意 出言衆悉可
법구法救(BC 200?~?), 《법구경法句經》 〈언어품言語品〉
말을 할 때 상대의 마음에 맞게 하여 기쁘게 하고, 나쁜 의도가 없어 모두가 들을 수 있도록 한다.

말에는 진정성이 담겨야 한다

세상에는 말 같지 않은 말이 너무 많습니다.

도대체 무슨 의도인지 알 수 없는 말, 저속하고 비열한 말,

틀에 박힌 말, 가볍고 허술한 말,

때론 고압적인 말까지 이어질 때도 있습니다.

말에는 뜻이 담겨 있어야 합니다.

누구라도 알아들을 수 있는 말, 상대방을 존중하는 말,

따뜻하고 진솔한 말이어야 합니다.

그런 말이 소통을 원활하게 하고 관계를 단단하게 이어줍니다.

말은 함부로 내뱉는 것이 아닙니다.

신중하게 생각하고, 정성껏 다듬은 뒤에 꺼내야 말이 말다울 수

있습니다.

장자는 무릇 말이란 입에서 바람처럼 그저 흘러나오는 것이 아니
라고 했습니다.

진정 뜻이 담겨져 있어야 한다는 말입니다.

단 한 번 상대의 마음에 맞추어 다정한 말을 건네보십시오.

내 마음도 더불어 따뜻해질 것입니다.

夫言非吹也 言者有言 其所言者特未定也 果有言邪 其未嘗有言邪
장자莊子(BC 369?~BC 286?), 《장자莊子》〈제물론齊物論〉

무릇 말이란 입에서 바람처럼 흘러나오는 것이 아니다. 말하는 사람에게는 말하려는 뜻이 분
명히 있지만, 다만 그것이 아직 정해지지 않았을 뿐이다. 그렇다면 말이 있는 것인가, 아니면
처음부터 말이 없었던 것인가!

말은 많을수록 가벼워지고, 아낄수록 무거워집니다.

아무 말이나 하지 않는 태도는 침묵이 아니라 분별이고 지혜입니다.

그래서 고전은 분명히 말합니다.

말의 가치는 그 말을 하지 않아도 그칠 줄 아는 데서 생깁니다.

2부 분별과 가치

말을 금처럼 소중히 여겨라

말은 이치에 맞아야 한다

‘도리(道理)’는 사물의 마땅한 이치이자,
사람이 걸어야 할 바른길입니다.

말에도 마땅히 가야 할 바른길이 있습니다.
말은 무엇보다 이치와 도리에 맞아야 합니다.

우리 속담에 ‘사람이면 다 사람인가, 사람이라야 사람이지’라는
말이 있습니다. 사람이라고 모두 사람답지는 않듯이, 말도 모두
말답지 않을 수 있습니다.

사람은 사람다워야 하고 말은 말다워야 합니다.
말이 말다워야 사람이 사람다울 수 있습니다.
또 사람이 사람다워야 그 사람이 하는 말도 말다울 수 있습니다.

사람의 품격과 말의 품격은 결코 떼어낼 수 없는 하나입니다.

이치와 도리에 맞지 않는 말은 '말이 아닌 말'입니다.

말이 아닌 말은 차라리 하지 않는 편이 좋습니다.

인생에서 바른길을 걷고 싶은가요?

그렇다면 이제부터 말이 아닌 말은 하지 않는 연습을 천천히 시작해봐야 합니다.

匪言勿言 匪由勿語
공자孔子(BC 551~BC 479), 《시경詩經》〈소아小雅〉
말이 아닌 말은 하지 말고, 까닭 없는 말도 하지 마라.

發說談論 當用道理
법구法救(BC 200?~?), 《법구경法句經》〈언어품言語品〉
말을 내놓을 때는 마땅히 도리에 맞아야 한다.

非法不言 非道不行
공자孔子(BC 551~BC 479), 《효경孝經》〈경대부장卿大夫章〉
법도에 맞지 않으면 말하지 말고, 도리에 어긋나면 가지 마라.

말로 정곡을 찌르기 어렵다면

사격에서는 과녁을 정확하게 맞혀야 합니다.

과녁에 가까울수록 좋은 점수를 얻고, 멀어질수록 소득이 없습
니다. 정곡(正鵠)은 과녁의 한가운데로, 가장 중요한 요점이자 핵
심을 가리킵니다.

정곡을 찌른다는 건 문제의 중심을 바르게 겨눈다는 뜻이지요.

상대에게 건네는 조언이나 위로도 같습니다.

부드러운 말이라도 핵심을 짚으면,

상대의 마음은 얼마든지 움직입니다.

오히려 완곡한 말이 더 깊고 따뜻하게 와닿기도 합니다.

문제는 많은 사람이 정곡을 피한 말을 한다는 데 있습니다.

주제에서 벗어난 말, 끝까지 자기주장을 밀어붙이는 말,

핵심은 비껴두고 주변부만 맴도는 말들 말입니다.

정곡을 찌르지 못할 것 같다면 차라리 입을 다무십시오.

그럴 땐 입을 다물어야 실없는 말이 허투루 튀어나오지 않습니다.

難施一針 可法三緘

조관빈趙觀彬(1691~1757), 《회헌집悔軒集》〈신구잠新舊箴〉

단번에 정곡을 찌르기 어렵다면 차라리 말을 봉하는 것이 낫다.

天道恢恢 豈不大哉 談言微中 亦可以解紛

사마천司馬遷(BC 145?~BC 86?), 《사기史記》〈골계열전滑稽列傳〉

하늘의 도는 넓고도 넓으니 어찌 위대하지 않겠는가. 완곡한 말 속에 정곡을 찌르는 뜻이 담겨
있다면, 그 또한 어지러운 다툼을 풀 수 있다.

말은 간결해야 한다

말을 하다 보면 자신도 모르게 말이 늘어지는 순간이 있습니다.
분위기에 휩쓸리거나 감정이 치밀면, 어느새 긴장감은 사라지고
상대가 듣는지 아닌지도 모른 채 '혼잣말 같은 말'을 이어가게
됩니다.

대화는 상대방을 배려하는 마음에서 시작됩니다.
상대가 알아들을 수 있는 말,
편안히 경청할 수 있는 말이어야 합니다.

'더도 덜도 말고 한가위만 같아라'는 속담이 있지요?
이것을 말에 적용하면 어떨까요?
덧붙일 것도 덜어낼 것도 없는 말,
간결하고 담백하고 군더더기 없는 말이겠지요.

진정성 한 방울이 담긴 말 한 마디가 장황한 백 마디보다 훨씬 더
큰 힘을 갖습니다.

말이 간결해야 상대도 평안을 느낄 수 있고,

말이 적어야 나의 마음 또한 안녕할 수 있습니다.

心定者言寡 定心自寡言始 時然後言 則言不得不簡
이이李珥(1536~1584), 《자경문自警文》
마음이 평안한 사람은 말이 적으니 마음을 평안하게 하는 일은 말을 아끼는 데서 시작된다. 때
가 이른 뒤에 말을 하면 그 말은 반드시 간결해질 수밖에 없다.

接人則當擇言簡重 時然後言 則言不得不簡 言簡者近道
이이李珥(1536~1584), 《격몽요결擊蒙要訣》〈지신持身〉
사람을 만날 때는 말을 가려 신중히 해야 하며, 때를 기다렸다가 말을 하면 그 말은 간략하지
않을 수 없다. 말이 간략한 사람은 도에 가까운 것이다.

때를 기다려 말하라

술은 마음이 맞는 사람과 나눌 때 가장 좋습니다.
말도 마찬가지입니다.
마음이 맞는 사람과 이야기를 나누다 보면,
시간이 흐르는 줄도 모르게 됩니다.

모든 일에는 때가 있습니다.
말에도 때가 있습니다.

말을 해야 할 때가 있고,
아무리 하고 싶어도 기다려야 할 때가 있습니다.
때가 아닌데도 입을 열면 경박해 보일 뿐만 아니라,
상황을 난처하게 만들 수도 있습니다.

하지 말아야 할 때의 말은 천 마디라도 소용없고,

해야 할 때의 한마디는 누구보다 절실합니다.

이렇듯 말은 때에 맞게 해야 합니다.

지금 당장이 아니라 바로 그 '때'를 기다리십시오.

그리고 때가 오면,

애정과 진심을 담아 기꺼이 대화를 나누면 됩니다.

酒逢知己千鐘少 話不投機一句多
범립본范立本(?~?), 《명심보감明心寶監》〈언어言語〉
술은 나를 알아주는 친구를 만나면 천 잔도 적고, 말은 마음이 통하지 않으면 한 마디도 많다.

분별할 줄 알아야 한다

사마우가 공자에게 인(仁)이 무엇이냐고 물었을 때,
공자가 답했습니다.

"어진 이는 그 말이 신중하다."

사전적으로 인은 어질게 대하는 마음을 뜻하지만,
공자는 그 어진 마음이 결국 말을 통해 드러난다고 본 것입니다.

따뜻한 말 한마디로도 인을 행할 수 있습니다.
지친 사람에게는 위로를 주고 좌절한 사람에게는 용기를 건네는
이런 말이야말로 분별해 쓰는 말이며,
곧 인을 실천하는 말입니다.

상대가 하는 말을 귀 기울여 듣고,

그 뜻을 온전히 알아듣는 것 역시 인입니다.

말을 분별한다는 것은 그저 잘 말하는 데서 끝나는 것이 아니라,

어떻게 잘 들을 것인가까지 포함됩니다.

仁者其言也認
공자孔子(BC 551~BC 479), 《논어論語》〈안연顔淵〉
어진 이는 그 말이 신중하다.

뜻을 얻고 나면 말은 잊어야 한다

강을 건너는 동안 배는 반드시 필요하지만,

언덕에 도착했다면 더는 갖고 갈 이유가 없습니다.

목적을 이루었다면, 그 목적을 위해 사용된 도구는 자연히 벗어

버릴 수 있어야 합니다.

이러한 비유는 한 가지를 가리킵니다.

진리에 다다르면, 진리에 이르는 과정에는 집착하지 말라는 것입

니다.

열매를 얻으려면 껍데기를 벗겨내야 하고,

목적을 완수했다면 방법도 놓아주어야 합니다.

미련과 집착이 남아 있으면 한 단계 더 나아갈 수 없습니다.

비트겐슈타인은 《논리철학논고》에서 이렇게 말했습니다.

"내 명제를 이해한 사람은 결국 그것들을 무의미한 것으로 인식하고 넘어서야 한다."

사다리를 밟고 정상에 도달했다면, 그 사다리는 던져버려야 한다는 뜻이죠. 달을 찾고 나면 달을 가리키던 손가락은 잊어도 됩니다. 배가 항해할 때는 돛이 필요하고, 목적지에 이르면 돛을 내리는 것이 자연의 이치입니다.
말을 버린다는 것이 그저 침묵하겠다는 뜻이 아닙니다.
말을 넘어, 그 말이 가리키던 '뜻'에 도달한다는 의미입니다.
그 후에는 새로운 인식의 문이 열립니다.

岸到處 便離船
작자 미상, 《증광현문增廣賢文》
언덕에 이르면 배를 떠나라.
言者所以在意 得意而忘言 吾安得夫忘言之人而與之言哉
장자莊子(BC 369?~BC 286?), 《장자莊子》〈외물外物〉
말은 뜻을 찾기 위한 도구일 뿐, 뜻을 얻고 나면 말은 잊어야 한다. 나는 어찌해야 말을 잊을 줄 아는 사람을 만나, 그와 더불어 참된 말을 나눌 수 있을까.

본디 뜻을 펴기 어렵다

글과 말, 그리고 뜻은 서로 연결되어 있습니다.

서로를 필요로 하고 서로를 보완합니다.

그런데 마음속 뜻을 말로 옮기는 일이 생각보다 쉽지 않습니다.

말을 글로 담아내는 일 또한 만만치 않습니다.

말을 입 밖으로 꺼내는 순간, 그 본래의 의미가 조금씩 흐려지거

나 달라질 수 있습니다.

글로 옮겨 쓰는 일도 다르지 않습니다.

본질은 변하지 않지만 그 본질을 담는 방식이 각자 다르기에 귀

에 들리는 느낌도, 눈에 비치는 인상도 달리 느껴질 수 있습니다.

그래서 우리는 말과 글 그 자체보다 그 뒤에 숨어 있는 뜻을 읽어

내야 합니다.

본디 뜻을 펴기 어렵다

자간과 행간을 살피고,

무엇보다 전체 맥락을 오롯이 헤아려야 합니다.

글이 말에 이를 수 있을까, 말이 뜻에 이를 수 있을까.

쉽지 않은 문제입니다.

그러나 그 거리가 조금이라도 좁혀진다면 서로의 관계에는 더 넓
고 평화로운 소통이 열릴 것입니다.

書不盡言 言不盡意
공자孔子(BC 551~BC 479), 《주역周易》〈계사繫辭〉
글은 말에 이르지 못하고, 말은 뜻에 이르지 못한다.

말을 멈추면 비로소 보이는 것

'염화시중(拈華示衆)'이라는 말이 있습니다.

말이 아니라 마음으로 뜻을 전한다는 이야기입니다.

영산회에서 석가모니가 연꽃 한 송이를 들어 보였을 때,

오직 마하가섭만이 그 뜻을 깨닫고 미소 지었다는 데서 비롯되었

습니다.

최고의 소통은 '이심전심(以心傳心)'입니다.

마음과 마음으로 서로 뜻이 통하는 순간,

그때는 더 많은 말이 필요치 않습니다.

노자와 장자는 무위자연(無爲自然)을 도덕의 기준으로 삼았습니

다. 사람의 손길이 닿지 않은, 있는 그대로의 자연을 가리킵니다.

우리가 입으로 말할 수 있는 것은 대부분 겉으로 드러난 현상과 현실에 불과합니다.

말의 영역과 진리의 영역은 서로 다르기 때문입니다.

입 밖으로 나오는 순간, 그 본연의 의미는 조금씩 희미해지고 말로 규정된 '부분적 진실'만이 남을 뿐입니다.

不言則齊
장자莊子(BC 369?~BC 286?), 《장자莊子》〈외편外篇〉
말하지 않으면 곧 가지런해진다.

知道易 勿言難 知而不言 所以之天也 知而言之 所以之人也
장자莊子(BC 369?~BC 286?), 《장자莊子》〈열어구列禦寇〉
도를 아는 건 쉽지만 그것을 말하지 않기는 어렵다. 알고도 말하지 않으면 하늘의 세계에 이르고, 안다고 말해버리면 인간의 세계에 머문다.

진리와 같은 말은 허물이 없다

말이 참되면 그 말에 담긴 뜻도 참됩니다.

우리는 그것을 진리라고 부릅니다.

진리는 오류나 잘못이 있을 수 없고,

그 진리를 담은 말도 허물을 지니지 않습니다.

참된 말은 그 자체로 곧습니다.

참된 말을 하는 사람은 굳이 남의 허물을 들추지 않습니다.

그러니 참된 말을 하는 사람은 결국 참된 사람일 수밖에 없습니다.

지금 나는 진리를 향하고 있나요?

그렇다면 참된 말을 쓰기를 힘써야 합니다.

至誠甘露說 如法而無過
법구法救(BC 200?~?),《법구경法句經》〈언어품言語品〉
지극히 참되고 단 이슬 같은 말은 진리와 같아서 아무 허물이 없다.

말의 때가 있고 침묵의 때가 있다

당나라 시인 이백은 "웃고만 있어도, 답하지 않아도 마음이 절로
편안해진다(笑而不答心自閑)."라고 말했습니다.

살다 보면 굳이 말하지 않는 편이 나을 때가 있고,
가볍게 웃어넘기는 것이 현명한 순간도 있습니다.
침묵해야 할 때는 침묵하고 웃어야 할 때는 웃으면 그만입니다.

치우치지 않고, 지나치거나 모자라지 않고,
마음의 평정을 잃지 않는 것.
이것이 바로 중용이며, 그 중용이 우리가 가야 할 길을 지켜줍니다.

當黙而黙近乎時 當笑而笑近乎中
김유근金逌根(1785~1840), 《황산유고黃山遺稿》〈묵소거사자찬黙笑居士自讚〉
침묵해야 할 때 침묵하는 것은 때에 맞는 일이고, 웃어야 할 때 웃는 것은 중용에 가까운 일이다.

어진 사람은 함부로 말하지 않는다

'인(仁)'은 본래 두 사람이 서로 어울린다는 뜻에서 출발합니다.

공자는 인을 도덕의 중심으로 삼았고,

그 인은 결국 말을 통해 드러나는 마음의 자세라고 보았습니다.

말이 많아지면 누구나 실수합니다.

의도치 않게 남에게 상처를 줄 수 있고,

책임질 수 없는 말을 내뱉을 수도 있습니다.

그래서 말부터 하기 전에 마음을 먼저 살피는 일이 중요합니다.

말하기 어렵다는 것은 그만큼 말의 힘이 크기 때문입니다.

말이 입에서 떠나는 순간, 그 말은 상대의 마음에 가닿고,

우리의 생각에도 영향을 미칩니다.

그러니 책임질 수 없는 말, 이치에 맞지 않는 말, 상대의 처지를
헤아리지 않은 말은 애초에 하지 않는 것이 좋습니다.
입을 소중히 여기는 사람은 말의 무게를 아는 사람입니다.
생명을 귀하게 여기듯 말을 아낀다면,
우리의 삶 또한 한층 더 귀하게 여겨질 것입니다.

人之易其言也 無責耳矣
맹자孟子(BC 372~BC 289), 《맹자孟子》〈이루離婁〉
사람이 말을 쉽게 하는 것은 그에 대한 책임을 지지 않았기 때문이다.

君子難言也 且至言忤於耳 而倒於心 非賢聖莫能聽
한비자韓非子(BC 280?~BC 233), 《한비자韓非子》〈난언難言〉
군자는 말을 어렵게 여긴다. 지극히 옳은 말은 귀에도 거슬리고 마음에도 걸리니, 어질고 지혜
로운 사람이 아니면 받아들이기 어렵다.

말이 많으면 좋을 게 없다

세 번 생각하고 한 번 말하라는 뜻으로,

'삼사일언(三思一言)'과 '언필삼사(言必三思)'라는 말이 있습니다.

말 앞에서는 누구든 조심스러워야 하는 이유가 분명합니다.

말이 많아지면 실수도 많아지고, 실수가 많아지면 마음도 인연

도 금세 흐트러지기 때문입니다.

그래서 옛사람들은 말에 대해 한결같이 이렇게 말했습니다.

　　"말은 더하기가 아니라 빼기다."

덧붙일수록 흐려지고, 비울수록 또렷해집니다.

장황한 말보다 간결한 말이 힘이 있습니다.

쓸데없는 말은 어디에도 쓸모가 없습니다.

'할 말'과 '하지 않을 말'을 구별하는 것,

그리고 해야 할 말만 하는 것, 그것이 '지혜'입니다.

말을 줄이면 마음이 가벼워지고,

마음이 가벼워지면 관계가 부드러워집니다.

입을 아끼는 일은 곧 나 자신을 아끼는 일입니다.

말이 적을수록 평안은 깊어집니다.

多言數窮 不如守中
노자老子(BC 571?~471?), 《도덕경道德經》
말이 많으면 자주 궁지에 몰리게 되니, 차라리 그 마음의 중심을 지키는 편이 낫다.

多聞闕疑 愼言其餘 則寡尤 多見闕殆 愼行其餘 則寡悔
공자孔子(BC 551~BC 479), 《논어論語》〈위정爲政〉
많이 듣되 의심스러운 것은 빼고 신중히 말하면 실수가 적고, 많이 보되 의심스러운 것은 빼고 신중히 행하면 후회가 적다.

목소리가 아닌 말을 높여라

우리 주변에는 목소리를 크게 내는 사람들이 많습니다.
행여 지는 것처럼 보일까봐, 남보다 우위에 서고 싶은 마음에 목
청부터 높이는 경우도 있습니다.

그러나 목소리가 크다고 해서 뜻이 더 분명해지는 것은 아닙니다.
목소리를 높인다고 해서 사람이 높아지는 것도 아닙니다.

우리가 높여야 하는 것은 '언성(言聲)'이 아닌 '인성(人性)'입니다.

목소리를 낮추고 차분히 말해보십시오.
조용한 말에는 단단한 힘이 있습니다.
겉으로 드러내는 소리보다 말 속에 담긴 마음이 더 멀리 닿습니다.

목소리를 낮추는 순간, 그동안 보이지 않던 나의 품격이 드러나
고 말이 머무는 자리도 한결 고요해집니다.
평화로운 말의 세계는 언성을 높일 때가 아니라 낮출 때 열립니다.

言論之間 要須的確 不宜廻激 大言高談 君子之所不爲也
안정복安鼎福(1712~1791), 《순암집順菴集》 〈서여학이書餘學餘〉
말로 논할 때는 모름지기 정확해야 하며 지나치게 과격해서는 안 된다. 크고 과장되게 말하는
담론은 군자가 할 바가 아니다.

말과 행동이 다르지 않아야 한다

아는 것을 말하는 일은 쉽습니다.

그러나 그 아는 것을 실천하는 일은 언제나 어렵습니다.

말은 입에서 가볍게 흘러나오지만,

행동은 마음과 몸을 모두 움직여야 하기 때문입니다.

그래서 옛사람들은 행동을 먼저 살폈습니다.

행하지 못할 말을 하지 않는 것, 말한 대로 실천하는 것,

그 두 가지를 사람됨의 근본으로 보았습니다.

말이 행동과 어긋나면 신뢰는 금세 무너집니다.

아무리 훌륭한 말을 하더라도 행동이 뒤따르지 않으면, 말은 껍데기에 불과합니다. 말이 앞서고 행동이 처지는 모습은 옛사람들이 부끄러워한 일입니다.

말과 행동이 다르지 않아야 한다

약속은 말로 생기지만, 그 약속의 가치는 행동으로 증명됩니다.

책임지지 못할 말, 행동으로 이어질 수 없는 말이라면,

처음부터 하지 않는 것이 낫습니다.

거짓된 말이 넘쳐나는 시대일수록 말과 행동이 합해진 사람,

지식과 실천이 이어진 사람,

믿음과 삶이 서로 어긋나지 않는 사람이 더욱 귀합니다.

올바로 알고, 올바로 말하고, 올바로 행동하는 것.

그것이 결국 올바른 삶의 표본입니다.

言者行之表 行者言之實 未有易其言而能謹於行者
공자孔子(BC 551~BC 479), 《논어論語》〈선진先進〉
말은 행동의 표상이고, 행동은 말의 본질이다. 일찍이 말을 가볍게 하면서 행동을 삼가는 사람을 본 적이 없다.

古者言之不出 恥躬之不逮也
공자孔子(BC 551~BC 479), 《논어論語》〈이인里仁〉
옛사람이 말을 함부로 내지 않은 것은 자신이 그 말에 미치지 못할 것을 부끄러워했기 때문이다.

한 마디 말도 가볍지 않다

'구정(九鼎)'은 중국 하(夏)나라 우왕이 당시 아홉 주에서 거둬들인 금으로 만들었다고 전해지는 솥입니다.

나라의 상징이자 지극히 귀중한 보물로 여겨졌지요.

즉 '일언구정(一言九鼎)'은 한 마디 말이 구정만큼 무겁다는 뜻입니다. 말의 책임, 말의 무게를 이보다 선명하게 드러내는 표현도 드물 것입니다.

'일낙백금(一諾百金)'이라는 말도 있습니다.

한 번 한 약속이 백금처럼 값지다는 뜻입니다.

약속은 지켜질 때 의미가 있습니다.

지키지 못할 약속은 애초에 하지 않는 것이 낫습니다.

말의 무게는 저울로 달 수 없습니다.

그러나 사람의 마음, 그 사람이 살아온 삶의 깊이로는 얼마든지
잴 수 있습니다.

가벼운 말은 삶도 가벼워 보이게 합니다.

무게 있는 말은 그 사람의 믿음과 품격도 묵직하게 드러냅니다.

그래서 한 마디 말도 함부로 해서는 안 됩니다.

우리가 내뱉는 말이 생각보다 훨씬 멀리, 훨씬 깊게 닿습니다.

말의 무게가 결코 가볍지 않은 이유입니다.

一言九鼎

사마천司馬遷(BC 145?~BC 86?), 《사기史記》

한 마디 말이 가마솥 아홉 개만큼 무겁다.

心定者 其言重以舒 不定者 其言輕以疾

주희朱熹(1130~1200), 《근사록近思錄》〈존양存養〉

마음이 편안한 사람은 그 말이 찬찬하여 무게가 있고, 마음이 불안한 사람은 그 말이 급하여
가볍다.

바로 선 말은 썩지 않는다

'불후(不朽)'는 썩지 않는다, 오래되어도 사라지지 않는다는 뜻입니다. 옛사람들은 썩지 않는 세 가지를 일컬어 '삼불후(三不朽)'라고 했습니다. 즉 덕을 세우는 일(立德), 공을 세우는 일(立功), 그리고 말을 세우는 일(立言)입니다.

고인 물은 썩지만, 바르게 괴어 지탱한 돌은 쉽게 무너지지 않습니다.

말도 마찬가지입니다.
흐트러진 말이 아니라 바로 선 말, 기울지 않은 말, 책임을 지는 말은 시간이 흘러도 변하지 않습니다.
말을 바로 세우는 일은 결국 자신을 바로 세우는 일과 같습니다.

내가 어떤 말을 하느냐는 내가 어떤 사람인가를 곧장 드러내기
때문입니다.

말이 바로 서면 사람도 바로 서고,
사람이 바로 서면 공동체도 바로 설 수 있습니다.

그러니 말부터 바로 세우십시오.
그 말이 오래도록 당신을 지탱해줄 것입니다.

大上有立德 其次有立功 其次有立言 雖久不廢 此之謂不朽
좌구명左丘明(BC 556~BC 452), 《춘추좌씨전春秋左氏傳》〈양공襄公〉
으뜸은 덕을 세우는 것이고, 그다음은 공을 세우는 것이고, 그다음은 말을 세우는 것이다. 아무
리 오래되어도 무너지지 않는 것, 그것을 불후라고 한다.

최고의 말은 물과 같다

'상선약수(上善若水)', 즉 가장 높은 선(善)은 물과 같다는 뜻입니다. 노자는 물을 세상에서 가장 완전한 '선의 표본'으로 여겼습니다. 그렇다면 노자가 말하는 물의 본질이란 무엇일까요?

물은 널리 이롭게 합니다(弘益). 모든 생명을 차별하지 않고 길러냅니다. 물은 다투지 않습니다(不爭). 자기 갈 길을 찾아갈 뿐, 어느 것과도 겨루지 않습니다. 물은 포용합니다(包容). 흙도, 돌도, 오물도 마다하지 않고 감싸 안습니다. 물은 부드럽지만 지혜롭습니다(柔軟). 막히면 돌아가고, 흐름을 멈추지 않습니다. 물은 깨끗하게 씻어냅니다(洗淨). 닿는 곳마다 때를 벗기며 새로움을 남깁니다. 물은 스스로를 낮춥니다(謙虛). 언제나 아래로 흐르고, 가장 낮은 곳에서 모든 걸 품습니다. 물은 기울지 않습니다(平衡). 어딘가에 쏠리지 않고 항상 제자리를 찾습니다.

말도 이와 같습니다.

세상을 이롭게 하는 말, 스스로를 낮추는 말, 치우치지 않고 균형 잡힌 말, 부드러우면서 지혜로운 말, 상대를 감싸고 보듬는 말.

이런 말이 바로 '물 같은 말'입니다.

좋은 말은 물과 같습니다.

흐르되 다투지 않고, 머물되 높아지려 하지 않으며,

닿는 곳마다 생명과 평화를 남깁니다.

노자가 말한 '상선약수'가 오늘날 우리가 지향해야 할 가장 좋은 말의 모습일지도 모릅니다.

上善若水 水善利萬物而不爭 處衆人之所惡 故幾於道
노자老子(BC 571?~471?), 《도덕경道德經》
최고의 선은 물과 같으니 물은 만물을 이롭게 하면서도 다투지 않고, 사람들이 싫어하는 곳에도 머문다. 그렇기에 도에 가까운 것이다.

말할 때와 침묵할 때를 알아야 한다

말에는 때가 있습니다.

말을 해야 할 때가 있고, 말을 하지 말아야 할 때가 있습니다.

맹자는 이 둘 사이를 잘 가리지 못하는 것을 '담을 뚫거나 담을

넘어가는 일'이라고 표현했습니다.

말이 자리를 잃으면 사람 사이의 경계도 무너진다는 것이지요.

옳은 때의 말은 귀한 옥처럼 밝고,

옳은 때의 침묵은 깊은 하늘처럼 넓습니다.

다만 말도 침묵도, 모두 지나치면 모자람만 못합니다.

상대가 물었는데 끝내 말을 하지 않는 것은 '함구'이고,

묻지도 않았는데 계속 떠드는 것은 '수다'입니다.

함구는 세상과의 단절을 낳을 수 있고,

수다는 자기 자신을 잃게 할 수 있습니다.

말해야 할 때 말하는 것은 강함이며,

침묵해야 할 때 침묵하는 것은 더 큰 강함입니다.

때로는 말보다 침묵이 더 많은 것을 말합니다.

말할 때와 침묵할 때를 정확히 아는 것, 그것이야말로 말을 다루는 사람이 갖추어야 할 가장 깊은 지혜일 것입니다.

진짜 침묵해야 하는 이유

'웅변은 은이고, 침묵은 금이다'라는 말이 있습니다.
말보다 침묵이 더 많은 진실을 드러내고,
더 큰 감동을 주는 순간이 분명 존재합니다.

스티브 잡스는 중요한 말을 꺼내기 전, 잠시 아무 말을 하지 않는 것으로 유명했습니다. 2007년 맥월드(Macworld) 기조연설에서 그는 약 12초 동안 침묵했고, 그 짧은 공백은 청중의 기대를 끌어올리는 강력한 힘이 되었습니다.
버락 오바마는 애리조나 총기 난사 사건의 희생자를 추모하는 자리에서 무려 51초 동안 말을 잇지 않았습니다. 아홉 살 소녀의 죽음을 언급하다 멈춘 그 순간, 침묵은 연설보다 더 큰 울림을 만들어냈습니다.
청중은 눈빛 하나로 서로의 마음을 느꼈고, 미국 전체가 잠시 하나가 될 수 있었습니다.

위대한 연설가들은 침묵의 힘을 압니다.

침묵은 공허한 빈칸이 아닌, 충만한 여백입니다.

'김 안 나는 숭늉이 더 뜨겁다'라는 속담이 있습니다.

괜히 떠드는 이보다 아무 말 없이 묵묵히 있는 사람이 더 깊고 단단하다는 의미입니다.

침묵은 무언(無言)의 언어이고, 여백의 미학입니다.

깊은 사유 또한 침묵 속에서 자랍니다.

때로는 침묵해보십시오.

침묵 속에 깊이 잠길 수 있다면 마음은 한층 평온해지고,

당신의 삶은 한결 더 온화해질 것입니다.

斂而靈 光藏沖漠 九淵沈沈外不蕩 嗫而喋 泯如昏如 衷之鬧 關如犇如 是謂病 痦默之賊
虛而生明涵萬象 而時出之無窮已 嗟吾之默其在是
장유張維(1587~1638), 《계곡집谿谷集》〈묵소잠默所箴〉
입을 다물고 있어도 마음속이 뒤엉켜 혼란하다면 그것은 침묵을 해치는 병이다. 그러나 마음의 기운을 한데 모아 깊숙이 가라앉히면 대상에 흔들리지 않는 고요한 상태에 이를 수 있다. 마음을 비우면 밝음이 생기고 그 밝음은 만물을 포용하며, 때가 되면 그 지혜가 자연스레 드러난다. 아, 나의 진정한 침묵은 여기에 있는 것이다.

말은 관계를 여는 열쇠가 되기도 하고, 관계를 끊는 칼이 되기도 합니다.

가볍게 던진 말 한마디가 오래 쌓아온 신뢰를 무너뜨릴 수 있습니다.

고전은 이를 경계합니다. 말의 자유보다 절제를 먼저 가르칩니다.

모든 말에는 반드시 책임이 따를 수밖에 없습니다.

말로써 만나고 말로써 멀어진다

남의 단점을 말하지 마라

단점은 누구에게나 있습니다.

다만 드러나지 않았을 뿐, 없는 사람은 없습니다.

그런데도 자신의 단점은 감추고 남의 단점을 들추어내는 일은 결코 바람직하지 않습니다.

남의 단점을 말하기 전에,

먼저 자신의 모습을 돌아보는 것이 필요합니다.

남의 약점을 지적하는 말보다 스스로의 부족함을 인정하고,

남의 장점을 높여주는 말이 더 큰 울림을 줍니다.

내가 상대의 장점을 말하면 상대도 기꺼이 나를 칭찬할 것입니다.

스스로 칭찬하는 말보다 타인의 입에서 나오는 칭찬이 더 값지기 마련입니다.

남의 단점을 비웃지 말고 자신의 장점을 과시하지 마십시오.

겸손한 사람은 어디서나 환영받고,
배려하는 사람은 누구에게나 인정받습니다.

言人之不善 當如後患何
맹자孟子(BC 372~BC 289), 《맹자孟子》〈이루장구離婁章句〉
남의 좋지 못한 점을 말하다, 그 뒷감당은 어찌하려는가.

不可言人過惡及說人家長短是非 有來告者 亦勿酬答
안정복安鼎福(1712~1791), 《순암집順菴集》
다른 사람의 허물이나 잘못을 말해서는 안 된다. 장점과 단점, 옳고 그름에 대해서도 말해서는
안 된다. 누가 와서 그에 대해 알려주더라도 응대하지 마라.

나쁜 말은 입 밖에 내지 마라

나쁜 말은 오물과 같습니다.

오물이 몸에 묻으면 더러워지듯, 나쁜 말을 내뱉으면 마음이 먼

저 흐려집니다.

이는 말하는 사람도, 듣는 사람도 마찬가지입니다.

세상에 비밀은 없습니다.

한 번 입 밖에 흘러나온 말은 돌고 돌아 마침내 자신의 귀로 되돌

아옵니다.

그때 들리는 말의 무게는 처음과는 아주 다르게 느껴지곤 합니다.

말은 상대의 귀에만 들리도록 떠드는 것이 아니라,

상대의 얼굴을 바라보며 하는 것입니다.

남이 들을까 두렵다면 차라리 말하지 않는 편이 낫습니다.

나쁜 말은 입 밖에 내지 마라

말하는 사람이 당당해야 말도 당당히 흘러갈 수 있습니다.

등 뒤에서 하는 말은 누구에게도 도움이 되지 않습니다.

귓속말과 뒷담화가 익숙한 관계는 절대 건강할 수 없습니다.

말의 방향과 자리를 지키는 것, 사람의 품격을 지키는 일입니다.

善言之支離 聽之者尙厭之 況惡言之多者乎
俚俗之言 一出口 士行 卽時墜地 勿置人於無所容身之地
이덕무李德懋(1741~1793), 《사소절士小節》

좋은 말도 장황해지면 듣는 사람이 오히려 싫어하는데, 하물며 나쁜 말을 많이 하면 어떻겠는가. 저속한 말이 한 번 입 밖에 나오면 선비의 행실은 곧바로 땅에 떨어진다. 처신하기 어려운 지경까지 상대를 몰아세우지 마라.

말 한마디에 위태로움이 일어난다

말이 평지풍파를 일으키는 데에는 많은 시간이 필요하지 않습니다.

무심코 던진 말 한마디로 흥겹던 분위기가 단숨에 가라앉고,

원만하던 관계가 순식간에 얼어붙기도 하지요.

그래서 말은 바람을 닮아 있습니다.

부드러운 바람처럼 사람을 편안하게 하기도 하고,

한순간에 광풍처럼 관계를 흔드는 힘을 지니기도 합니다.

그러니 말을 다스리고 다독여야 합니다.

말을 잘 길들이면, 우리 마음도 한결 평화로워질 수 있습니다.

言者風波也 行者實喪也 夫風波易以動 實喪易以危
장자莊子(BC 369?~BC 286?), 《장자莊子》〈인간세人間世〉

말은 바람에 이는 물결과 같으며, 행동에는 득실이 따르기도 한다. 무릇 바람과 물결은 쉽게 흔들린다. 실질을 잃으면 쉽게 위태로워진다.

입속에 든 도끼

'설저유부(舌底有斧)', 즉 혀 아래에 도끼가 있다는 말입니다.

말을 잘못 내뱉으면 곧바로 해가 되니, 늘 말을 삼가라는 뜻이지요.

그 도끼로 남을 베고, 결국에는 나 자신까지 베어버리는 것이 말의 무서움입니다.

막말에는 가시가 돋아 있습니다.

가시는 쉽게 빠지지도 않고, 때로 가시 속에 독이 묻어 있기도 합니다.

그래서 가시 돋친 말은 애초에 내지 않는 것이 가장 지혜롭습니다.

한순간의 말이 평생의 상처가 되지 않도록 경계하길 바랍니다.

夫士之生 斧在口中 所以斬身 由其惡言

법구法救(BC 200?~?), 《법구경法句經》 〈언어품言語品〉

사람이 세상에 태어나면 그 입안에는 도끼를 지니고 있다. 자기 자신을 베는 것은 바로 그 나쁜 말 때문이다.

말은 상대를 가리지 않아야 한다

정조는 말을 삼가야 한다고 자주 강조했습니다.
사람을 낮추어 부르거나, 언성을 높여 순간의 감정을 풀려는 행동을 경계한 것이지요.

다만 정조의 기록에는 직설적이고 거친 표현도 남아 있습니다.
그가 실제로 완전히 절제된 언어만 사용했다고 보기는 어렵습니다.
그렇기에 이 기록은 '나는 언제나 완벽했다'라는 선언이 아니라,
입으로 남을 낮추지 말라는 가르침에 가깝게 받아들여야 합니다.

우리말에 '관 속에 누워도 막말은 말라'는 속담이 있습니다.
어떤 상황에서도 함부로 말을 해서는 안 된다는 뜻입니다.
'아가리가 광주리만 해도 막말은 못 한다'라는 말도 있지요.

입이 크고 말이 어렵지 않은 사람이라 할지라도, 막말만은 해선 안 된다는 뜻입니다.

막말은 듣는 사람만 상처 주는 게 아닙니다.

그 말을 한 사람의 마음도 거칠어지고, 품격도 흔들립니다.

그러니 지위가 높건 낮건, 어느 누구 앞에서도 입을 조심하고 마음을 가지런히 하는 게 바른 일일 것입니다.

人不可以口業取快於一時 予雖於僕御之賤 未嘗以這漢那漢呼之也
정조正祖(1752~1800), 《일득록日得錄》
사람이 입으로 업보를 만들며 잠깐의 기분을 채우려 해서는 안 된다. 나는 미천한 마부에게라도 '이놈, 저놈'이라고 부른 적이 없다.

섣불리 남을 따라 하지 마라

고대의 예법서 《예기》에는 '부화뇌동(附和雷同)'이라는 표현이 나옵니다. 천둥소리에 같이 화답해 울어대는 모습처럼, 소신 없이 남의 말에 쉽게 휩쓸리는 모습을 뜻하지요.

우리말에도 비슷한 뜻의 속담이 많습니다.
'남이 장 간다고 하니 거름 지고 나선다', '남의 장단에 춤춘다'.
모두 생각 없이 남을 따라 하는 행동을 경계하는 말입니다.
조선 영조 때 김천택이 펴낸 〈청구영언〉에 이런 시조가 있습니다.

말하기 좋다 하고 남의 말 말 것이
남의 말 내 하면 남도 내 말 하는 것이
말로써 말 많으니 말 많을까 하노라.

남의 말에 휩쓸리기 시작하면 결국 내 가치관도 휘둘리게 됩니다.

그러므로 말은 잘 판단하고 골라서 해야 합니다.

줏대 없이 말을 따라 하지 않는 것이 곧 자기 생각과 품격을 지키는 길입니다.

一犬吠形 百犬吠聲 一人傳虛 萬人傳實 世之疾 此因久矣哉

왕부王符(85?~163?), 《잠부론潛夫論》 〈현난賢難〉

한 마리 개가 그림자 보고 짖으면 온 동네 개들이 그 소리 따라 짖고, 한 사람이 거짓을 전하면 수많은 사람이 그것을 사실인 양 퍼뜨리니, 이러한 세상의 병폐가 실로 오래되었구나.

간결하게 말하는 법을 배워라

해서는 안 되는 말이 있습니다.

나를 자랑하는 말, 남을 헐뜯는 말,

사실이 아닌 말, 도리에 어긋나는 말이 그것입니다.

간결하게 말하는 법은 사실 매우 단순합니다.

해야 할 말은 하고, 하지 말아야 할 말은 하지 않는 것입니다.

그런데 세상에는 하지 않아야 할 말을 아무렇지 않게 내뱉는 사람도 많고, 정작 해야 할 말은 끝내 하지 않는 사람도 많습니다.

말이라고 다 말이 아닙니다. 나를 내세우지 않고, 남을 깎아내리지 않고, 사실과 다르지 않고, 도리에 어긋나지 않게 말하면 말은 자연스레 짧아지고 담백해집니다.

그런 말은 듣는 이에게도 편안하고,
말하는 이에게도 책임감 있는 마음을 남깁니다.

말을 가려 쓰는 것이 곧 말을 간결하게 하는 길이며,
도리에 한발 더 가까워지는 길입니다.

矜己之言不可言 敗人之言不可言 無實之言不可言 非法之言不可言
言能戒是四者 則言不期簡而簡矣
윤휴尹鑴(1617~1680), 《백호전서白湖全書》〈언설言說〉
나를 자랑하는 말은 해서는 안 된다. 남을 헐뜯는 말은 해서는 안 된다. 사실이 아닌 말은 해서
는 안 된다. 도리에 어긋나는 말은 해서는 안 된다. 이 네 가지를 삼갈 수 있다면, 굳이 간결함을
따지지 않아도 말은 저절로 간결해진다.

혀가 곧 힘이다

장의(張儀)는 중국 전국 시대 귀곡선생의 제자로, 종횡가 가운데서도 손꼽히는 인물이었습니다.

어느 날 초나라 재상 소양(昭陽)의 연회에 초대되었다가, 때마침 집안의 보물이 사라지는 바람에 억울하게 도둑으로 몰려 매질을 당한 채 쫓겨나는 일을 겪었습니다. 초라한 모습으로 집에 돌아온 장의가 아내에게 한 말이 바로 이것입니다.

"아직 내 혀가 남아 있는지 한번 봐주시오."

혀만 살아 있다면 다시 일어설 수 있다는 자신감이었습니다.

장의에게 말은 재기의 수단이자 삶을 지탱하는 마지막 힘이었습니다.

말은 축복이 될 수도 있고 저주가 될 수도 있습니다.

혀를 잘 굴리면 사람을 감동시키고 상황을 바꿀 수 있지만,

혀를 잘못 굴리면 관계가 무너지고 자신에게 돌아오는 화를 피하기 어렵습니다.

혀는 단순한 도구가 아닙니다.

그 힘을 어떻게 쓰느냐에 따라 삶의 방향이 아주 크게 달라질 수 있습니다.

視吾舌 尙在否

사마천司馬遷(BC 145?~BC 86?), 《사기史記》〈장의열전張儀列傳〉

"내 혀가 아직 남아 있는지 보아라."

세상에 말보다 빠른 것은 없다

'일언기출 사마난추(一言旣出 駟馬難追)'라는 말이 있습니다.
말이 한 번 나가면 네 마리 말이 끄는 수레도 그 말을 따라잡지 못한다는 뜻입니다.
'나쁜 소문은 천 리를 간다'라는 의미의 악사천리(惡事千里),
'말이 천 리를 간다'라는 뜻의 언비천리(言飛千里)도 모두 같은 맥락입니다.
우리말 '발 없는 말이 천 리 간다'라는 속담과도 맞닿아 있지요.

지금처럼 실시간으로 정보가 오가는 시대에는 말이 퍼져 나가는 속도가 더욱 빨라졌습니다.
세상에 말보다 빠른 것은 없다고 해도 과언이 아닙니다.
그러나 중요한 것은 말이 어디로, 무엇을 싣고 달려가는가 하는 점입니다.

거짓 정보와 선동이 순식간에 퍼져 버리는 시대일수록 말이 빨리
퍼지는 것보다 바르게 퍼지는 것, 즉 올바른 말, 사실에 맞는 말
이 더 소중합니다.

말은 속도보다 방향입니다.
바른 말은 멀리까지 가도 누군가를 세우지만,
그릇된 말은 멀리까지 가서 누군가를 무너뜨립니다.
그래서 말은 늘 신중해야 하고,
입 밖에 나오는 한마디에 책임을 실어야 합니다.

駟不及舌
공자孔子(BC 551~BC 479), 《논어論語》〈안연顔淵〉
네 마리 말이 끄는 수레도 사람의 혀에는 미치지 못한다.

담장에도 귀가 있다

옛사람들은 말이 반드시 새어 나간다는 사실을 여러 방식으로 경계해 왔습니다.

'낮말은 새가 듣고 밤말은 쥐가 듣는다'라는 말이 있지요?
조선 시대 정약용이 모으고 정리한 속담집《동언해(童諺解)》와 홍만종이 저술한 잡록《순오지(旬五志)》에도 나와 있는 말입니다.

중국에도 '담장에 귀가 있다(牆有耳)', '귀 없는 물고기도 듣는다(魚無耳而聽)'라는 옛말이 있습니다.
말이 새어나가지 않을 데는 어디에도 없다는 뜻입니다.
그러니 아무리 작은 말이라도 함부로 내뱉지 않는 태도가 필요합니다.
세상에는 말하는 입보다 듣는 귀가 훨씬 많습니다.

안에서 한 말도 밖으로 금세 퍼지고,

한 번 새어나간 비밀은 더 이상 비밀이 될 수 없습니다.

‘비밀’이라고 말하는 순간, 그 말은 비밀이 아니게 됩니다.

無易由言 耳屬于垣
공자孔子(BC 551~BC 479), 《시경詩經》〈대아大雅〉
근거가 있는 말도 가벼이 하지 마라. 귀가 담장에 붙어 있다.

말이 밖으로 새어나가지 않게 하라

화를 참지 못하면 말이 쉽게 새어 나갑니다.
말이 새어나가는 순간 후회도 함께 따라오고, 갈등도 커지기 마
련입니다. '화(火)'를 다스려야 '화(禍)'를 피할 수 있다는 옛말이
바로 그 뜻을 담고 있습니다.

말은 언제나 부메랑처럼 다시 돌아오는 성질을 지닙니다.
좋은 말은 좋은 결과로 돌아오지만,
나쁜 말은 더 나쁜 형태가 되어 되돌아옵니다.

그래서 가장 확실한 방법은 애초에 나쁜 말을 입 밖에 내지 않는
것입니다.

누구에게나 상처가 되는 말은 치명적입니다.

내가 남에게서 듣고 싶지 않은 말이라면,

나 역시 하지 않는 것이 옳습니다.

말을 아끼는 일은 결국 나 자신을 지키는 일이기도 합니다.

怒中之言 必有漏泄
풍몽룡馮夢龍(1574~1646),《동주열국지東周列國志》
홧김에 하는 말은 반드시 밖으로 새어나간다.

惡言不出於口 忿言不反於身
공자孔子(BC 551~BC 479),《예기禮記》〈제의祭儀〉
나쁜 말이 입 밖으로 나가지 않으면, 원망하는 말은 나에게 돌아오지 않는다.

內言不出 外言不入
공자孔子(BC 551~BC 479),《예기禮記》〈내칙內則〉
집안의 말은 밖으로 내지 말고, 집 밖의 말은 안으로 들이지 마라.

스스로 불러들이는 화복

'구시화지문(口是禍之門)', 즉 입은 재앙이 드나드는 문이라는 뜻입니다.

중국 후당의 정치인 풍도는 다섯 왕조, 열한 명의 임금을 섬기며 권세의 한가운데서도 오래 살아남았습니다.

입을 가볍게 놀리지 않은 것이 그 비결이었다고 전해집니다.

한편 '곰은 쓸개 때문에 죽고, 사람은 혀 때문에 죽는다'라는 우리말도 있습니다.

창이 많은 방에 바람이 많이 드는 것처럼, 말이 많은 사람은 그 말 때문에 얼마든지 화를 불러올 수 있습니다.

많은 입이 모이면 돌도 뜨게 하고,
단단한 뼈도 녹일 만큼 파괴력이 커진다고 합니다.

지금 시대의 '여론', '댓글', '루머'가 가진 힘과 크게 다르지 않습니다. 나오는 말의 양이 많아질수록 그 말은 더 멀리, 더 빠르게 번져 나갑니다.

결국 말은 '스스로를 불러들이는 화복(禍福)'인 셈입니다.

입을 조심하면 몸이 편안하고,

입을 함부로 열면 뜻하지 않은 화가 찾아옵니다.

결국 말은 늘 우리 자신을 향해 돌아오는 법입니다.

口是禍之門 舌是斬身刀 閉口深藏舌 安身處處宇
풍도馮道(822~954), 《전당서全唐書》〈설시舌詩〉

입은 화를 부르는 문이고, 혀는 몸을 베는 칼이다. 입을 닫고 혀를 깊이 감추면 어디서든 몸이 편안해진다.

目妄視則淫 耳妄聽則惑 口妄言則亂
유안劉安(BC 179~BC 122), 《회남자淮南子》〈주술훈主術訓〉

눈으로 경솔하게 보면 욕망이 생기고, 귀로 경솔하게 들으면 미혹에 빠지고, 입으로 경솔하게 말하면 혼란을 부른다.

항아리 뚜껑보다 사람의 입이 더 막기 어렵다

항아리 입은 뚜껑 하나로 덮을 수 있습니다.
하지만 사람의 입은 마음이 먼저 동하지 않으면 결코 닫히지 않습니다.

말은 생각보다 더 멀리, 더 쉽게 새어나갑니다.
잠깐의 감정 때문에 내뱉은 말이 오래된 관계를 무너뜨리기도 하고, 한순간의 실수가 평생의 상처가 되기도 합니다.

항아리에서 새는 물은 금방 닦아낼 수 있지만,
입에서 새는 말은 되돌릴 수 없습니다.

입은 마음의 문입니다.
마음이 흔들리면 입이 먼저 열리고,

입이 열리면 마음은 이미 절반쯤 밖으로 흘러나온 뒤입니다. 그래서 마음을 지키려면 먼저 입을 지키는 일부터 시작해야 합니다.

입을 가볍게 열면 생각도 가벼워지고,

생각이 가벼워지면 행동도 안정되지 못합니다.

반대로 입을 조심하면 생각은 깊어지고, 마음은 차분해지며,

삶은 한층 더 단단해집니다.

말의 무게를 아는 사람은 입을 자주 열지 않습니다.

가끔은 항아리 뚜껑처럼 입을 단단히 덮어두는 용기가 필요합니다.

寧塞無底缸 難塞鼻下橫
범립본范立本(?~?), 《명심보감明心寶監》〈성심省心〉
밑 빠진 항아리는 막을 수 있어도, 코 아래 가로놓인 입은 막기 어렵다.

守口則無妄言 守身則無妄行 守心則無妄動
허목許穆(1595~1682), 《미수기언眉叟記言》
입을 지키면 망령된 말이 없고, 몸을 지키면 망령된 행동이 없고, 마음을 지키면 망령된 움직임이 없다.

말에 찔린 상처는 잘 아물지 않는다

개에 물린 사람은 반나절 치료받고 돌아가고
뱀에 물린 사람은 삼일 만에 회복됐지만,
말에 물린 사람은 아직도 입원 중입니다.

어느 병원에 걸려 있는 문구입니다.
모진 말은 마음을 물어뜯는 것과 같습니다.
한번 생긴 상처는 오래 남고, 때로 평생 지워지지 않습니다.
막말이나 독설이 위험한 이유가 여기에 있습니다.

아프리카 속담에 '나무가 기억하는 것을 도끼는 잊는다'라는 말
이 있습니다.
상처를 준 사람은 쉽게 잊지만, 그 상처를 받은 사람은 오랫동안
고통을 기억한다는 의미이지요.

남을 헐뜯는 말을 할 때 나는 과연 평온할까요?

그 말은 결국 나에게 상처로 돌아옵니다.

그러니 마음에 여유를 두되, 바르고 의롭게 말하십시오.

바르고 의로운 말은 귀에만 달콤한 말을 넘어,

마음에 스미는 말이 될 것입니다.

남을 해치면 곧 나를 해치게 된다

불교에는 '십악(十惡)'이 있습니다.

몸과 입, 마음에서 생겨나는 열 가지 악업을 말합니다.

이 가운데 네 가지는 말을 함부로 해서 저지르는 악업입니다.

거짓된 말, 꾸며대는 말, 이간질하는 말, 남을 헐뜯는 말이 여기
에 해당하지요.

'삼함(三緘)'이라는 말도 있습니다.

입을 세 번 봉하고 말을 삼가라는 뜻입니다.

불교에서는 입을 삼가고, 뜻을 삼가고, 몸을 삼가라고 말합니다.

스님들이 큰방의 뒷벽에 이 글을 붙여두고 마음을 다잡았다고 합
니다.

욕은 욕을 부르고, 화는 화를 부릅니다.

말로 남을 아프게 하면 결국 나 자신도 아프게 됩니다.

남을 더럽히려는 말은 한 바퀴 돌아 반드시 나의 입과 마음을 더럽히고 맙니다.

남을 해치는 말로 악업을 쌓지 마시길 바랍니다.

부드럽고 따뜻한 말로 덕을 쌓아나간다면,

그 말이 언젠가 좋은 인연이 되어 다시 돌아올 것입니다.

傷人之語 還是自傷 含血噴人 先汚其口

범립본范立本(?~?),《명심보감明心寶監》〈정기正己〉

남을 해치는 말은 오히려 나 자신을 해치게 된다. 피를 머금은 채 남에게 뿜어대면, 그 입이 먼저 더러워지는 법이다.

세 치 혀가 사람을 죽인다

'촌철살인(寸鐵殺人)'이라는 말이 있습니다.

한 치 길이의 작은 쇠붙이로 사람을 죽일 수 있다는 뜻이지만,

여기서는 곧 혀, 즉 한 마디 말을 비유합니다.

우리말에 '세 치 혀가 사람 잡는다'라고 하지요.

혀의 길이는 고작 10센티미터 남짓이지만,

그 혀끝에서 나온 말은 사람의 마음을 찌르거나, 무너뜨리거나,

때로는 완전히 꺾어놓기도 합니다.

말은 사람을 살릴 수도 있지만, 죽일 수도 있습니다.

말 한 마디에 천 냥 빚을 갚을 수도 있지만,

말 한 마디로 오랜 인연을 잃을 수도 있습니다.

세 치 혀가 사람을 죽인다

촌철활인(寸鐵活人).

우리가 가진 세 치 혀가 촌철살인이 아니라,

부디 사람을 살리는 말, 촌철활인이 되었으면 합니다.

우리 혀끝에서 나오는 말이 누군가에게 상처가 아닌 힘이 되고,

비수가 아닌 따뜻한 손길이 되기를 진심으로 바랍니다.

三寸之舌芒于劍

황헌黃憲(1502~1574), 《천록각외사天祿閣外史》

세 치 혀가 칼보다 날카롭다.

三寸之舌 彊於百萬之師

사마천司馬遷(BC 145?~BC 86?), 《사기史記》〈평원군열전平原君虞卿列傳〉

세 치 혀가 백만 군사보다 강하다.

무덤이 되는 말

모든 대립과 갈등은 결국 말 한마디에서 시작됩니다.

독일 시인 하이네는 "말은 죽은 사람을 무덤에서 불러내고, 산 사람을 묻을 수도 있다."라고 했습니다.

그만큼 말은 강하고, 그만큼 위험합니다.

우리말에도 '입찬소리는 무덤 앞에 가서 하라'는 속담이 있습니다. 책임질 수 없는 말, 뱉고 나면 주워 담을 수 없는 말은 애초에 하지 말아야 한다는 뜻이지요.

경북 예천에는 실제로 '말의 무덤(言塚)'이 있습니다.

오래전 이 마을 사람들은 사소한 말 몇 마디 때문에 문중 간 분쟁이 일어나자, 나그네의 조언에 따라 그 말들을 사발에 뱉어 구덩이에 묻어버렸다고 합니다.

그 후에야 마을에는 다시 평온이 찾아왔다고 전해집니다.

말을 묻을 것인가, 사람을 묻을 것인가.

이 물음의 답은 너무나도 분명합니다.

말은 한순간이지만, 그 말의 무게는 평생입니다.

말이 시비가 되고, 말이 번뇌가 되고, 말이 무덤이 되기도 합니다.

우리의 말이 누군가를 묻지 않도록 언제나 경계해야겠습니다.

恩怨多由片言 禍福或起隻字 明哲之士 所宜慥慥乎銘念也
정약용丁若鏞(1762~1836), 《여유당전서與猶堂全書》

은혜와 원한은 한마디 말 때문에 생겨나고, 재앙과 복 역시 한 글자 때문에 생겨난다. 명철한 사람이라면 마땅히 마음에 깊이 새겨야 한다.

달콤한 말은 달콤하지 않다

'구밀복검(口蜜腹劍)'이라는 말이 있습니다.

겉으로는 정답게 말하나,

속에는 날 선 칼을 감추고 있다는 뜻입니다.

'소리장도(笑裏藏刀)' 또한 같은 맥락입니다.

웃음 속에 칼을 감추고 있다는 의미이지요.

달콤한 말이라고 해서 모두 좋은 말은 아닙니다.

선인들의 말처럼 오히려 상냥한 말투 뒤에 칼 같은 마음을 숨긴

사람이 있고, 반대로 겉말은 거칠어도 속마음에는 꽃을 품은 사

람이 있습니다.

음식이 아무리 맛있어도 몸에 해로운 성분이 있다면 결국 건강

을 해칩니다.

말도 아무 말이나 내뱉다 보면 인성을 해칠 때가 있습니다.

입을 절제하는 사람은 자신을 지킬 줄 아는 사람이고,

덕을 쌓는 사람입니다.

말은 달콤함보다 진실함이 먼저입니다.

口有蜜 腹有劍 愼言語以養其德 節飮食以養其體
주희朱熹(1130~1200), 《근사록近思錄》
입에는 꿀이 있지만 배 속에는 칼이 있다. 말을 삼가야 덕을 기를 수 있고, 음식을 삼가야 몸을 기를 수 있다.

말이 달면 장이 쓰다

우리말에 '장 단 집에는 가도 말 단 집에는 가지 마라'는 속담이 있습니다. 귀에 듣기 좋은 달달한 말만 골라 하는 사람은 조심해야 한다는 뜻이지요.

장맛이 드는 데는 시간이 필요합니다.
장독 뚜껑을 괜히 자꾸 열었다 닫으면, 숙성이 흐트러지고 깊은 맛이 사라집니다.

말도 그렇습니다. 가볍게 툭툭 내뱉는 말에는 깊이가 없습니다.
입에서 바로 튀어나온 말보다, 마음속에서 충분히 숙성된 말이 훨씬 더 상대의 마음에 가닿습니다.

말의 '단맛'은 순간을 채울지 몰라도 결국 마음을 비게 만듭니다.

반대로, 정성 들여 다듬은 말은 오래 머무르며 사람 사이를 따뜻
하게 잇습니다.
입이 달면 마음이 쓸 수 있습니다.
말맛도 장맛처럼 깊고 그윽하게 익어가면 좋겠습니다.

言甘家不甘醬
정약용丁若鏞(1762~1836), 《동언해東言解》
말은 달게 하는 집에, 장맛은 달지 않다.

甘言之家 鼓味不嘉
정약용丁若鏞(1762~1836), 《여유당전서與猶堂全書》
달콤한 말을 하는 집의 장맛은 좋지 않다.

뿌린 대로 말을 거둔다

흔히 하는 우리말 중에 '콩 심은 데 콩 나고 팥 심은 데 팥 난다'
라는 말이 있습니다.
말이나 행동도 마찬가지입니다.
내가 내보낸 그대로 돌아옵니다.

'가는 말이 고와야 오는 말이 곱다'라는 속담처럼,
말은 메아리와 같습니다.
내가 던진 말이 세상에 울려 퍼졌다가,
결국 다시 나에게 되돌아옵니다.
고운 말을 뿌리면 고운 말이 돌아오고,
모난 말을 뿌리면 모난 말이 되돌아옵니다.

세상은 뿌린 대로 거두는 질서 위에 서 있습니다.

내가 세상에 보내는 한 마디, 한 걸음이 언젠가 나에게 돌아와 삶을 만들고 관계를 만들고 운명까지 만든다는 뜻입니다.

오늘 뿌리는 나의 말이 내일의 나를 키운다는 사실을 잊지 않았으면 합니다.

出乎爾者 反乎爾者也

맹자孟子(BC 372~BC 289), 《맹자孟子》〈양혜왕梁惠王〉

너에게서 나간 것은 너에게로 돌아온다.

言悖而出者亦悖而入 貨悖而入者亦悖而出

증자曾子(BC 505~BC 435), 《대학大學》〈전傳〉

말이 어그러져 나가면 어그러져 들어오고, 재물이 도리에 어긋나게 들어오면 도리에 어긋나게 나간다.

말을 오해하는 이유는 대부분 잘 듣지 않기 때문입니다.

자신의 생각이 앞설수록 타인의 말은 왜곡됩니다.

고전이 말하는 경청은 기술이 아닙니다.

그 말을 판단하기 전에 잠시 멈추는 태도입니다.

두루 들을수록 말을 알아챌 수 있다

균형 있게 들으면 길이 보인다

세상 모든 일에는 균형이 필요합니다.

먹는 일에 편식이 해롭듯, 듣는 일에 편향이 생겨도 마음이 금세
흐려집니다.

한 사람의 말만 들으면 코끼리의 한 부분만 만지는 것과 같습니다.

자신이 만진 부분은 알 수 있어도, 전체의 모습은 제대로 파악할
수 없기 때문입니다.

그래서 여러 사람의 의견을 두루 듣는 일이 중요합니다.

듣는 폭이 넓어질수록 판단은 선명해지고,

시야는 자연스레 밝아집니다.

많이 듣는다고 해서 모두 받아들일 필요는 없습니다.

버릴 말은 가볍게 버리고, 건질 말은 단단히 붙드는 것,
이것이 듣기의 지혜입니다.

쓸모 있는 한마디가 인생을 밝히기도 합니다.

좋은 말을 고르고 또 골라 삶의 기준으로 삼을 때,

우리는 흔들리지 않는 자신만의 길을 걸을 수 있습니다.

兼聽則明 偏信則暗
사마광司馬光(1019~1086), 《자치통감資治通鑑》
두루 들으면 밝아지고, 치우쳐 믿으면 어두워진다.

多聞 擇其善者而從之
공자孔子(BC 551~BC 479), 《논어論語》〈술이述而〉
널리 듣고, 그 가운데서 좋은 것을 가려 따르라.

귀를 열어야 마음도 열린다

경청은 그저 듣는 행위가 아니라 마음을 여는 태도입니다.

귀를 기울이면 상대에게 한 걸음 더 가까워지고,

마음속에 담긴 진심까지 들을 수 있습니다.

거리는 좁아지고 관계는 깊어집니다.

마음은 점점 '들어주는 사람'에게로 향합니다.

옛사람들은 말을 줄이고 듣기를 늘리라고 했습니다.

한 번 말하고 두 번 듣고 세 번 생각하라는 1·2·3 법칙,

세 번 생각하고 한 번 말하라는 삼사일언(三思一言)도 모두 같은

가르침이지요.

입은 하나지만 귀는 둘이라는 말처럼, 듣기는 말보다 더 큰 힘을

지니고 있습니다.

칭기즈칸이 "남의 말을 듣는 법을 배우며 현명해졌다."라고 말한
것도 같은 이유일 것입니다.

지식 있는 사람은 입을 열지만, 지혜 있는 사람은 귀를 엽니다.
경청은 사람의 마음을 얻는 가장 부드럽고 강력한 방식입니다.
불통이 반복되는 문제들도, 사실은 '제대로 들어주는 한 사람'
만 있으면 풀릴 수 있습니다.
정말 소중한 말은 마음으로 들어야 합니다.

以聽得心
공자孔子(BC 551~BC 479), 《논어論語》〈위정爲政〉
들음으로써 마음을 얻는다.

傾耳而聽
사마천司馬遷(BC 145?~BC 86?), 《사기史記》〈진시황본기秦始皇本紀〉
귀 기울여 들어라.

잘 듣는 사람은 되새긴다

소나 양이 먹이를 다시 씹는 것을 '반추(反芻)'라고 합니다.

한번 삼킨 것을 되돌려 씹어야 영양분으로 흡수하기 때문입니다.

들은 말 역시 되새겨야 비로소 지혜가 됩니다.

듣고 흘리는 것은 '청(聽)'일 뿐이지만,

되짚고 곱씹는 것까지 포함되어야 '총(聰)', 즉 밝은 귀가 되는 것입니다.

바둑에서 이미 두었던 수를 처음부터 다시 놓아보는 일을 '복기(復棋)'라고 하지요.

듣는 일도 복기와 크게 다르지 않습니다.

한 번 듣고 말의 의미와 그 깊이를 모두 파악하기 어렵습니다.

그래서 다시 돌아보고, 스스로 묻고, 또 생각해야 합니다.

세상에는 두 가지 귀가 있습니다.

잘 듣는 사람은 되새긴다

하나는 남의 말마다 흔들리는 팔랑귀,

다른 하나는 아무 말도 들리지 않는 듯한 말뚝귀입니다.

둘 다 '귀가 밝다'고는 할 수 없습니다.

잘 듣는 사람은 한쪽으로 기울지 않으며 무조건 받아들이지도,

무조건 배척하지도 않습니다.

듣고, 생각하고, 내 안의 기준으로 다시 살펴봅니다.

좋은 말은 찾기 어렵고, 나쁜 말은 순식간에 퍼져 나갑니다.

그러니 더더욱 들은 것은 한 번 더 되새기고,

가릴 것은 가려낼 줄 아는 귀가 필요합니다.

反聽之謂聰 內視之謂明 好言難得 惡語易施
사마천司馬 , 《사기史記》〈상군열전商君列傳〉
들은 바를 되새기는 것은 귀가 밝은 것이고, 내면을 들여다보는 것은 눈이 밝은 것이다.

말을 가려들을 줄 알아야 한다

말은 그 사람의 마음을 드러냅니다.

아첨하는 말에는 숨김이 있고, 음탕한 말에는 미혹이 있으며,

사악한 말에는 일탈이 있고, 둘러대는 말에는 궁지가 서려 있습니다.

말의 결을 살피면 그 사람의 처지와 마음의 방향까지 볼 수 있습니다.

그래서 우리는 말을 가려들을 줄 알아야 합니다.

스펀지처럼 무엇이든 흡수하면 미혹되고, 스프링처럼 무엇이든

튕겨내면 고립됩니다. 필터처럼 이물질은 걸러내되, 배움이 되는 말

은 받아들여야 합니다.

어리석은 사람이든 지혜로운 사람이든, 누구에게나 배울 만한 점

은 있습니다.

남의 선함을 들었을 때 난초 향기를 맡는 듯 귀하게 여긴다면,

그 말은 곧 내 마음을 기르는 자양분이 될 수 있습니다.

공자는 예순 살에 이르러 "어떤 말을 들어도 마음이 거슬리지 않

고 온전히 이해하게 되었다."라고 했습니다.

듣는 귀가 열리고, 귀가 넓어지고, 귀가 깊어져야 가능한 일입니다.

말을 듣는 태도는 곧 내가 어떤 사람인지 드러내는 거울입니다.

무엇을 받아들이고 무엇을 흘려보낼지를 아는 것,

그것이 듣기의 지혜입니다.

愚者千慮 必有一得 智者千慮 必有一失 況人未必皆失 而己未必皆得歟 樂取於人 以輔爾仁

권만權萬(1688~1749), 《강좌집江左集》〈취인명取人銘〉

어리석은 사람의 많은 생각에도 반드시 하나의 옳음이 있고, 지혜로운 사람의 많은 생각에도 반드시 하나의 그름이 있다. 더욱이 남이 모두 그릇된 것도 아니고, 내가 모두 옳은 것도 아니다. 그러니 남에게서 좋은 점을 기꺼이 취하여 너의 인을 돕게 하라.

소리를 알아들어야 벗이라 할 수 있다

중국 춘추 시대, 거문고 명인 백아에게는 자신의 마음을 온전히 알아주던 친구 종자기가 있었습니다.
종자기가 세상을 떠나자 백아는 거문고 줄을 끊어버렸습니다.
더 이상 자신의 소리를 알아주는 이가 없다는 이유에서였습니다.
'백아절현(伯牙絶絃)'이라는 말이 바로 여기서 유래했습니다.

사람의 말도 그렇습니다.
말 자체보다 그 말 뒤에 숨은 마음을 들어줄 사람이 필요합니다.

내가 하는 말을 귀로만 듣는 것이 아니라 온전히 받아들이고, 이해하고 품어주는 사람이 단 한 명이라도 있다면 그 사람은 이미 깊은 인연을 가진 벗이라 할 수 있습니다.

'지음(知音)'은 단순히 소리를 듣는 사람이 아닙니다.

소리 속에 깃든 마음까지 알아듣는 사람을 말합니다.

지금 이 순간,

나의 소리를 알아듣는 한 사람을 떠올려보기 바랍니다.

그리고 누군가에게는 내가 그런 벗이 되어주길 바랍니다.

知音說與知音聽 不是知音莫與談

작자 미상, 《증광현문增廣賢文》

소리를 아는 사람은 소리를 들을 줄 아는 사람과 더불어 말한다. 소리를 알지 못하는 사람과는
말하지 마라.

길에서 말을 줍지 마라

'도청도설(道聽塗說)'은 길에서 듣고 길에서 말한다는 뜻입니다.

즉 남이 건넨 말을 사실 확인도 없이 또 다른 사람에게 옮기는 행위를 말합니다.

이때 중요한 것은 그 말이 참인지 거짓인지가 아닙니다.

그저 "나는 이런 말을 들었다."라는 사실을 드러내는 데 목적이 있을 뿐입니다. 스스로의 존재감을 과시하려는 욕망이 말을 움직이게 한 것이지요.

길에 버려진 말은 길에 버려진 물건과 비슷합니다.

누가 흘린 것인지, 어디에서 온 것인지,

무엇이 묻어 있는지도 모릅니다.

잘못 줍고 잘못 전하면 그 말이 결국 제 발로 돌아와 나의 품격과 덕을 갉아먹게 됩니다.

나를 위해 길에서는 말을 줍지 않는 편이 안전합니다.

부디 쓸모도 알 수 없고, 정체도 모르는 말에 굳이 마음의 자리
를 내어주지 않길 바랍니다.

道聽而途說 德之棄也
공자孔子(BC 551~BC 479), 《논어論語》〈양화陽貨〉
길에서 들은 것을 길에서 말해버리는 것은 덕을 버리는 일이다.

아첨하는 말을 경계하라

달콤하게 들리는 칭찬은 때로 사람을 무너뜨립니다.

칭찬이라는 이름을 달았다고 해서 모두 선한 마음에서 나오는

것은 아니기 때문입니다.

상대를 위하는 듯하지만, 실은 자신의 이익을 챙기기 위한 아첨

일 수도 있습니다.

그래서 옥석을 가리듯 칭찬도 가려들어야 합니다.

아첨하는 사람은 언제든 돌변할 수 있습니다.

오늘은 기분을 맞추기 위해 입에 꿀을 바르지만,

내일은 같은 입으로 독을 뿜어낼지도 모릅니다.

그 사람의 말이 '나를 좋아해서'인지,

'나를 이용하려는 것인지'를 분별해야 합니다.

진심으로 나를 위하는 사람은 비위를 맞추기보다,

내가 넘어지지 않도록 단단한 말을 건넬 줄 압니다.

입에 발린 말은 달콤하지만 속이 비어 있고,

입바른 말은 때로 아프지만 행실을 이롭게 합니다.

옆에 오래 두고 보아야 할 사람은 아첨하는 사람이 아니라,

나를 바로 세워주는 사람이어야 합니다.

諂諛我者 吾賊也
순자荀子(BC 298?~BC 238?), 《순자荀子》〈수신修身〉
나에게 아첨하는 사람은 나의 적이다.

良藥苦口利於病 忠言逆於耳利於行
왕숙王肅(195~256), 《공자가어孔子家語》
좋은 약은 입에 쓰지만 병에 이롭고, 바른말은 귀에 거슬리지만 행실에 이롭다.

남의 말에 일희일비하지 마라

우리는 사람들의 말에 너무 쉽게 흔들립니다.

비난 한마디에 마음이 움츠러들고,

칭찬 한마디에 들떴다가 곧바로 가라앉기도 하지요.

하지만 정작 중요한 것은 남의 말이 아니라 흔들리지 않는 나 자

신입니다.

다른 사람들의 말에 일희일비하지 않았으면 합니다.

비난을 받으면 고치면 그만이고,

칭찬을 받으면 감사한 마음으로 조금 더 나아가면 됩니다.

말을 기준으로 삼지 말고, 스스로의 중심을 기준으로 삼아야 합

니다. 남의 시선에 흔들릴수록 마음은 불안해지고,

자기 본연의 모습은 흐려질 수밖에 없습니다.

마음의 중심을 단단히 세운 사람,

자신만의 가치관으로 스스로를 정립한 사람에게,

타인의 말은 더 이상 운명을 쥐어흔드는 힘이 되지 않습니다.

不虞之毁不足卹 過實之譽不足喜
윤형로(?~?),《계구암집戒懼菴集》
예상치 못한 비난에 연연할 것도 없고, 분수에 넘치는 칭찬에 기뻐할 것도 없다.

묻는 것은 부끄러운 일이 아니다

"모르는 일은 분명히 묻는 것이 예(禮)다."

공자가 한 말입니다.

그에게 묻는다는 행위는 단순히 지식을 얻기 위한 절차가 아니라, 자신을 낮추고 마음을 비우는 한 가지 수행이었습니다.

그래서 부지런히 배워 아랫사람에게 묻기를 부끄러워하지 않는 태도를 견지했고, 배움은 언제나 그러한 자세에서 시작된다고 본 것이지요.

우리가 질문을 주저하는 이유는 무엇일까요?

'아무것도 모르는 사람이 되는 것'이 두렵기 때문입니다.

하지만 진짜 문제는 모르는 사람이 되는 것이 아니라,

모르는 것을 인정하지 못한 채 배움의 기회를 잃는 데 있습니다.

질문은 나를 낮추는 행위가 아니라,

내 안의 빈자리를 정직하게 바라보는 일입니다.

그 빈자리야말로 성장의 문이고,

타인과 마음이 이어지는 입구가 됩니다.

모르는 것이 있다면 그냥 물으십시오.

질문하는 순간, 생각은 한 겹 더 넓어질 것입니다.

好問則裕 自用則小
공자孔子(BC 551~BC 479), 《서경書經》〈상서商書〉
묻기를 좋아하면 마음이 넉넉해지고, 자기 생각만 따르면 마음이 좁아진다.

다만 아무에게나 묻지 마라

중국 남북조 시대, 송나라의 효무제(孝武帝)는 북위가 혼란스러워
진 틈을 타 북벌을 감행하려 했습니다. 그런데 그때 국경을 실제
로 지키던 장수 심경지(沈慶之)는 아직 때가 아니라며 반대했지요.
효무제는 그의 충언을 듣지 않았고 결국 전쟁에서 크게 패합니다.

우리는 질문을 하면 정답을 얻게 될 거라 착각하곤 합니다.
하지만 모든 질문은 '누구에게 묻는가'에서 이미 절반이 결정됩
니다.

길을 물을 때는 그 길을 걸어본 사람에게 물어야 합니다.
법을 몰라 답답할 때는 법을 잘 아는 사람에게 물어야 하고,
삶의 문제에 부딪혔다면 그 길을 실제로 먼저 경험한 이의 조언을
들어야 합니다.

다만 아무에게나 묻지 마라

아무에게나 묻는 건 때로 묻지 않는 것만 못할 때가 있습니다.
묻는 용기는 소중하지만, 더 중요한 것은 나에게 진짜 답을 줄
수 있는 사람을 찾는 일입니다.

그러한 사람이 누구인지 분별할 수 있을 때,
그리고 그 해답을 충분히 나의 것으로 받아들일 때,
배움은 길을 잃지 않습니다.

耕當問奴 織當問婢
심약沈約(441~513), 《송서宋書》〈심경지전沈慶之傳〉
농사짓는 일은 머슴에게 물어야 하고, 베 짜는 일은 여종에게 물어야 한다.

먼저 나를 닦아야 한다

세상을 바꾸는 일은 그리 거창하지 않습니다.

항상 '나'라는 가장 작은 지점에서 출발합니다.

맹자는 가정과 국가, 그리고 천하의 근본이 '한 사람'에게서 비

롯된다고 보았습니다.

나 자신이 흐트러져 있는데 가정이 바로 설 수 없고,

가정이 무너지면 국가도, 천하도 바로 서기 어렵다는 뜻입니다.

남을 판단하기 전에 먼저 나를 헤아리라는 말도 같은 맥락입니다.

우리는 흔히 남의 말과 행동에는 민감하면서 정작 내가 어떤 말

과 행동을 하고 있는지는 무심해지곤 합니다.

그러나 진짜 힘은 언제나 자기 안을 먼저 들여다보는 사람에게서

나옵니다.

스스로를 다스린다는 건 대단한 수행이 아닙니다.

내 마음이 지금 어디를 향해 흔들리는지,

내 입에서 지금 어떤 말이 나오려 하는지,

내가 내 감정을 어떻게 다루고 있는지를 살피는 일입니다.

남을 이기려 하기보다, 남에게 인정받으려 하기보다,

먼저 나 자신과 화해하고 나를 바로 세우는 일이 앞서야 합니다.

남이 나를 몰라준다고 서운해할 이유도 없습니다.

성찰은 '나를 낮추는 일'이 아닙니다.

'나로부터 다시 시작하는 일'입니다.

與其視人 寧自視 與其聽人 寧自聽
위백규魏伯珪(1727~1798), 《존재집存齋集》
남을 살피기보다 나를 살피는 것이 낫고, 남의 말을 듣기보다 내 마음의 소리를 듣는 것이 낫다.

不患人之不己知 患不知人也
공자孔子(BC 551~BC 479), 《논어論語》〈학이學而〉
남이 나를 알아주지 않는 것을 걱정하지 말고, 내가 남을 알아주지 못하는 것을 걱정하라.

내가 나를 업신여기면 남도 나를 업신여긴다

자모(自侮)와 인모(人侮)는 '내가 나를 하찮게 여기면, 남도 나를
하찮게 여긴다'라는 뜻입니다. 당연한 말 같지만, 실제 삶에서는
많은 사람들이 이 단순한 이치를 놓치고 살아갑니다.

사람에게는 누구나 '자기 존중감'이라는 토대가 필요합니다.
내가 나를 어떤 존재로 바라보는지에 따라, 타인이 나를 어떻게
대하는지도 결정되기 때문입니다.
맹자의 말은 이렇게 묻고 있는 셈입니다.

"내가 나를 대하는 방식은 어떤가?"

나를 낮추고 나를 깎아내리고 나를 스스로 무가치하게 여긴다
면, 그 틈으로는 반드시 무례가 흘러 들어옵니다.

먼저 스스로를 무너뜨리지 않는 이상, 아무도 당신을 무너뜨릴
수 없습니다.

다만 '나를 업신여긴다'라는 말에는 실은 모순을 품고 있습니다.

남을 업신여긴다는 말에는 교만이 깔려 있지만,

나를 향한 업신여김에는 교만이 개입할 자리가 없기 때문입니다.

따라서 이 말은 실제 행동을 가리킨다기보다 자기 자신을 스스
로 과소평가하는 태도, 즉 자기를 지키지 못하는 마음가짐을 경
계하는 말에 가깝습니다.

내가 나를 소중히 여기면 타인도 나를 함부로 대하지 못합니다.
또 내가 나를 사랑해야 그 사랑이 다른 사람에게도 전해질 수 있습
니다. 그러니 어떤 상황에서도 나 자신을 낮게 깔아놓지 마십시오.

夫人必自侮 然后人侮之 家必自毁 而后人毁之 国必自伐 而后人伐之
맹자孟子(BC 372~BC 289), 《맹자孟子》〈이루離婁〉

사람은 반드시 스스로를 업신여긴 뒤에야 남들이 그를 업신여기고, 집안은 반드시 스스로 무
너진 뒤에야 남들이 그 집안을 무너뜨리며, 나라는 반드시 스스로를 해친 뒤에야 남들이 그 나
라를 해친다.

자신을 돌아보면 약이 된다

세상에는 남의 말과 시선에 지나치게 흔들리는 사람들이 많습니다.
하지만 진실은 호불호의 문제가 아니라 참과 거짓, 옳음과 그름
의 문제입니다. 그러므로 남의 평가에 앞서 나 자신을 살피는 일
이 무엇보다 중요합니다.

자신을 돌아보는 사람은 어떤 일을 만나더라도 그 경험이 약이
됩니다. 반대로, 남을 탓하는 사람은 작은 생각 하나도 결국 자
기 마음을 찌르는 창이 되고 맙니다.
성찰은 나를 보호하는 방패이자 나를 치유하는 약인 셈이지요.

남의 장점을 보면 배우려는 마음을,
남의 단점을 보면 스스로를 돌아보는 마음을 가져야 합니다.

그렇게 할 때 사람과 사람 사이의 비교는 사라지고,
오히려 서로를 비추어 성장하는 길이 열립니다.

사람들이 싫어한다고 해서 무조건 잘못된 것도 아니고,
사람들이 좋아한다고 해서 모두 옳은 것도 아닙니다.
세상의 평가보다 더 중요한 기준은 내 안의 밝은 눈입니다.

결국 성찰은 '나는 부족하다'라는 자책이 아니라 '나는 더 나아질 수 있다'라는 믿음에서 시작됩니다.
나를 돌아보는 마음이 깊어질수록, 세상을 바라보는 시선도 더욱 단단해질 것입니다.

反己者觸事皆成藥石 尤人者動念卽是戈矛
홍자성洪自誠(1550?-?), 《채근담菜根譚》
자신을 돌아보는 사람은 어떤 일을 만나도 그것이 몸에 좋은 약이 되고, 남을 탓하는 사람은 마음이 움직이는 순간 그 생각이 자신을 찌르는 창이 된다.

나에게서 잘못을 찾아라

우리말에 '잘되면 제 탓, 못되면 남 탓'이라는 속담이 있습니다.
우리는 일이 잘되면 제 덕이고, 일이 어그러지면 남 탓으로 돌리고
싶어 합니다. 이런 마음은 자연스러운 자기방어이지만, 문제의 본
질을 보지 못하게 하는 가장 큰 함정이 되기도 합니다.
고전에 반복해서 등장하는 말은 하나입니다.

"모든 원인은 나에게서 찾아라."

활이 빗나갔다면 과녁을 원망할 수 없습니다.
활시위를 당긴 사람은 바로 나이기 때문입니다.

말한 후에 상황을 바꾸기가 힘들 듯이,
결국은 내가 조준하고 발한 결과일 뿐입니다.

우물이 깊다고 불평하기 전에 내 두레박 끈이 짧은 건 아닌지 먼
저 살펴야 하는 것입니다.

문제를 나에게서 찾는 사람은 실패에서도 교훈을 얻지만,

남에게서 찾는 사람은 원망만 하게 됩니다.

나부터 살피는 사람이 될 수 있다면,

그 삶 역시 쉬이 흔들리지 않을 것입니다.

禮人不答反基敬 愛人不親反基仁 治人不治反基智
行有不得者 皆反求諸己 其身正而天下歸之
맹자孟子(BC 372~BC 289),《맹자孟子》〈이루離婁〉
남에게 예를 갖췄는데도 답례가 없다면 자신이 공손했는지를 돌아보아야 한다. 남에게 사랑을
베풀었는데 가까워지지 않는다면 자신이 자애로웠는지를 돌아보아야 한다. 남을 다스려도 다
스려지지 않는다면 자신이 지혜로웠는지를 돌아보아야 한다. 행하여도 얻지 못한 것이 있다면
모두 나 자신에게서 그 원인을 찾아야 한다. 스스로 바르면 온 세상이 그를 따르게 된다.

거울이 깨끗하면 먼지가 쌓이지 않는다

흐르는 물에는 얼굴을 비춰볼 수 없습니다.

물이 고요해야 비로소 수면 위에 얼굴이 또렷이 드러납니다.

거울도 마찬가지입니다. 거울이 더러우면 얼굴까지 흐려 보이고,

거울이 맑으면 얼굴 또한 맑게 비칩니다.

그래서 옛사람들은 '명경지수(明鏡止水)', 곧 밝은 거울과 고요한
물을 마음의 상태에 비유했습니다. 이는 흔들리지 않고, 치우치
지 않으며, 사사로운 때가 끼지 않은 마음입니다.

성찰이란 바로 그런 상태에서 이루어집니다.

마음이 분주하거나 요동치면 자신을 제대로 볼 수 없습니다.

고요히 멈추어 서서, 내 마음을 하나의 거울처럼 가만히 들여다
보는 일, 그것이 성찰입니다.

장자는 여기에 한 가지를 더 덧붙입니다.

사람의 마음은 생각보다 쉽게 물들기 때문입니다.

성공한 사람 곁에 있다고 모두 성공하는 것은 아닙니다. 하지만 평정한 사람 곁에 오래 있으면 마음은 자연스레 가라앉고, 어진 사람 곁에 있으면 말과 태도 또한 그를 닮아갈 수 있습니다.

마음을 닦는 가장 확실한 방법은 스스로를 비추는 맑은 거울을 잘 지키는 일이며, 그 거울 앞에 설 수 있는 좋은 사람들과 함께 머무는 일입니다.

鑑明則塵垢不止 止則不明也 久與賢人處則無過

장자莊子(BC 369?~BC 286?), 《장자莊子》〈덕충부德充符〉

거울이 밝으면 먼지와 때가 머무르지 못하고, 먼지와 때가 있으면 거울은 밝지 않다. 어진 사람과 오래 함께 지내면 허물이 없어진다.

아는 건 안다고 하고 모르는 건 모른다고 하면 된다

아는 것을 안다고 말하고 모르는 것을 모른다고 말하는 일은 너무도 당연해 보입니다.
그러나 실제 삶에서는 이 단순한 원칙이 참 지키기 어렵습니다.

얄팍한 자존심 때문에 모르면서도 아는 체를 하게 되고, 다른 사람의 눈치를 보느라 알고 있으면서도 모른 척하기도 합니다.
때로 우리는 진실보다 체면을, 사실보다 관계를 먼저 선택하곤 합니다.

하지만 모르면서 안다고 하는 것도 거짓이고,
알면서도 모른다고 하는 것 역시 거짓입니다.

이 작은 거짓들이 쌓이면 어떻게 될까요?

무엇을 알고 모르는지조차 스스로 분간하지 못할 수도 있습니다. 공자가 말한 '앎'은 많이 아는 지식이 아니었습니다. 자기 인식에 솔직한 태도, 자기 한계를 정확히 아는 정직함이었습니다.

아는 건 안다고 말할 수 있는 용기, 모르는 건 모른다고 인정할 수 있는 담대함, 이것이야말로 배움의 출발점이며 인간을 깊이 있게 만드는 참된 지혜입니다.

知之爲知之 不知爲不知 是知也
공자孔子(BC 551~BC 479), 《논어論語》〈위정爲政〉
아는 것을 안다고 하고, 모르는 것을 모른다고 하는 것, 이것이야말로 바로 참으로 아는 것이다.

내가 귀하다고 남이 천한 것은 아니다

우리는 알게 모르게 남을 밟고 올라서는 데 익숙해져 있습니다.
경쟁에서 뒤처지지 않으려면 때로는 그렇게 해야만 살아남을 수
있다고 믿기 때문입니다.
무한 경쟁이라는 말이 일상이 된 시대일수록 그러한 압박은 더
노골적으로 작동합니다.

하지만 경쟁이 언제나 답은 아닙니다.
경쟁은 필연적으로 승자와 패자를 가르지만,
협력은 함께 살아남는 길을 만듭니다.
그래서 옛사람들은 공존을 하나의 미학으로 여겼습니다.

내가 귀하다고 해서 남이 천해지는 것은 아닙니다.
남을 낮춘다고 내 자리가 높아지는 것도 아닙니다.

오히려 남을 업신여기는 순간, 자신이 먼저 초라해질 수 있습니다.

요즘 거리에서 종종 보게 되는 문구들이 있습니다.

"남의 집 귀한 자식입니다."

"반말로 주문하시면 반말로 응대합니다."

이는 단순한 유행어가 아니라, 무례와 갑질에 대한 조용하지만 분명한 저항입니다.

사람 위에 사람 없고, 사람 아래에 사람 없습니다.

힘으로 누르는 관계는 오래가지 못합니다.

'존중'은 같은 눈높이에서 마주 보는 태도에서 시작됩니다.

勿以貴己而賤人 勿以自大而蔑小 勿以恃勇而輕敵

범립본范立本(?~?), 《명심보감明心寶監》〈정기正己〉

자신이 귀하다고 해서 남을 천하게 여기지 말고, 스스로를 크게 여긴다고 해서 낮은 이를 업신여기지 말며, 자신의 용기를 믿는다고 상대를 가볍게 여기지 마라.

마음이 흔들릴 때 기준을 바꿔라

마음이 무너질 때는 대개 비교의 방향이 어긋나 있을 때입니다.

위로만 올려다보면 좌절이 생기고,

아래만 내려다보면 자만이 생깁니다.

《채근담》은 이 미묘한 마음의 균형을 정확히 짚고 있습니다.

일이 뜻대로 풀리지 않을 때,

우리는 흔히 나보다 잘된 사람을 떠올립니다.

그 순간, 마음에는 억울함과 분노가 먼저 올라옵니다.

그러나 기준을 조금만 바꾸면, 상황은 달라집니다.

지금 주어진 일에 감사하면 마음은 원망에서 벗어나 현실을 받아

들일 여유를 되찾게 됩니다.

이는 체념이 아니라, 삶의 방향을 회복하는 일입니다.

마음이 흔들릴 때 기준을 바꿔라

마음이 느슨해질 때는 나보다 성실한 사람,

묵묵히 자기 자리를 지키는 사람을 떠올려야 합니다.

그들의 삶은 나를 부끄럽게 만들기보다 다시 일어서게 하는 자

극이 됩니다.

중요한 것은 우월함을 증명하는 비교가 아니라 나를 다잡고 삶

을 바로 세우는 비교입니다.

마음이 흔들릴 때는 상황을 탓하지 말고, 먼저 비교의 기준이 어

디를 향하고 있는지를 살펴보는 것이 좋겠습니다.

事稍拂逆 便思不如我的人 則怨尤自消 心稍怠荒 便思勝似我的人 則精神自奮
홍자성洪自誠(1550?~?),《채근담菜根譚》
일이 조금 뜻대로 되지 않을 때에는 나보다 못한 사람을 떠올리면 원망이 저절로 사라지고, 마
음이 조금 나태해질 때에는 나보다 나은 사람을 떠올리면 정신이 저절로 분발하게 된다.

나를 꾸짖는 사람이 진정한 이웃이다

사람은 보통 칭찬엔 쉽게 마음을 열지만, 꾸짖음 앞에서는 곧잘 마음을 닫습니다.

그러나 맹자는 오히려 그 반대를 말합니다.

나의 잘못을 알려주는 사람이야말로 나를 진정으로 위하는 사람이라는 것입니다.

'사기종인(舍己從人)'이란 나를 낮추고 남을 따른다는 뜻입니다.

자기 고집을 내려놓고, 더 나은 길이 있다면 기꺼이 그 길을 따르는 태도입니다. 이는 자존을 버리는 일이 아니라, 오히려 자존을 지키는 방식에 가깝습니다.

진심에서 건넨 말이 언제나 환영받는 건 아닙니다.

하지만 그 불편한 말을 건네는 사람은 적어도 나를 외면하지 않
은 사람입니다.

침묵으로 지나칠 수도 있었지만, 그럼에도 불구하고 한마디를
건넸다면 그 안에는 최소한의 책임과 마음이 담겨 있습니다.

진정한 이웃은 단지 나를 기분 좋게 만들어주는 사람이 아니라,
나를 더 나은 방향으로 이끌어주는 사람일지도 모릅니다.

子路 人告之以有過則喜 禹聞善言則拜 大舜有大焉 善與人同
舍己從人 樂取於人以爲善
맹자孟子(BC 372~BC 289), 《맹자孟子》〈공손추公孫丑〉
자로는 사람들이 자기의 잘못을 알려주면 기뻐했다. 우임금은 좋은 말을 들으면 절로써 예를
갖추었다. 순임금은 더 위대한 점이 있었으니, 선한 일은 사람들과 함께 나누고, 자신의 주장을
버리고 남을 따르며, 남에게서 좋은 점을 받아들여 기꺼이 선을 이루었다.

적을 알고 나를 알아야 위태롭지 않다

'지피지기(知彼知己)'는 전쟁의 격언으로 널리 알려져 있지만,
그 뜻은 단순히 싸움의 기술을 넘어 삶의 태도에 가깝습니다.
상대를 제대로 알고, 동시에 나 자신을 정확히 알 때, 비로소 불
필요한 충돌과 실패를 줄일 수 있다는 말이기 때문입니다.

우리는 흔히 남을 파악하는 데는 비교적 익숙합니다.
상대의 말과 행동, 성향과 능력을 살피는 일에는 공을 들입니다.
그러나 정작 나 자신을 객관적으로 바라보는 일에는 의외로 인
색합니다. "나는 이 정도 되는 사람이지."라는 자기 확신이 오히
려 나를 보지 못하게 가로막기도 합니다.

노자는 남을 아는 것을 '지혜'라 했고,
자신을 아는 것을 '밝음'이라 했습니다.

지혜는 상황에 따라 쓰일 수 있지만,

밝음은 스스로를 속이지 않는 데서 비롯됩니다.

자신의 한계와 욕심, 강점과 약점을 분명히 아는 사람은 무리한

싸움에 나서지 않고, 싸워야 할 때와 물러나야 할 때를 구별할

줄 압니다.

결국 성찰의 핵심은 이것입니다.

적을 이기기 전에 먼저 나 자신을 속이지 않는 것.

그렇게 된다면 인생의 싸움에서도, 백 번을 맞서도 흔들리지 않

는 자리에 설 수 있을 것입니다.

知彼知己 百戰不殆 不知彼而知己 一勝一負 不知彼 不知己 每戰必殆

손무孫武(BC 544?~BC496?), 《손자병법孫子兵法》〈모공謀攻〉

적을 알고 나를 알면, 백 번 싸워도 위태롭지 않다. 적을 알지 못하고 나만 알면, 한 번은 이기고
한 번은 진다. 적도 모르고 나도 모르면, 싸울 때마다 반드시 위태롭다.

知人者智 自知者明

노자老子(BC 571?~471?), 《도덕경道德經》

남을 아는 것은 지혜이고, 자신을 아는 것은 밝음이다.

오늘 하루, 상대의 말에 듣기를 소홀히 하면서 굳이 자신의 말을 내
뱉진 않았는지 가만히 되짚어봅시다.

자기주장으로 가득 찬 말에는 다른 말이 들어설 자리가 없습니다.

계속 옳고 그름에 집착하면 소통은 끝내 멈춥니다.

고전이 말하는 포용은 단순히 감정이 아닙니다.

다름을 틀림으로 보지 않고 품을 수 있는 지혜입니다.

비우고 나면 어떠한 말도 품을 수 있다

욕심은 끝이 없습니다.

조금만 더 가지면 만족할 것 같지만,

막상 손에 넣고 나면 또 다른 욕심이 고개를 듭니다.

그래서 욕심은 사람을 쉬게 하지 않습니다.

《도덕경》은 말합니다.

족함을 알면 욕됨이 없고, 그칠 줄 알면 위태롭지 않다고.

이는 더 가지지 말라는 말이 아니라,

어디에서 멈춰야 하는지를 아는 지혜를 말합니다.

행복은 애써 붙잡는 것이 아니라 자연스럽게 받아들일 때 찾아옵
니다.

'무위(無爲)'란 아무것도 하지 않는 태도가 아닙니다.

다만 욕심으로 억지 부리지 않는 삶의 자세입니다.

반대로 욕심이 많아질수록 마음은 바빠지고, 바쁠수록 불안과

근심은 따라옵니다.

지나친 욕망은 결국 재앙의 씨앗이 됩니다.

족함을 안다는 것은 포기하는 일이 아닙니다.

이미 가진 것을 충분히 헤아려보고, 지금의 자리에 머물 줄 아는

용기입니다.

知足不辱 知止不殆 可以長久
노자老子(BC 571?~471?), 《도덕경道德經》
족함을 알면 욕됨이 없고, 그칠 줄을 알면 위태롭지 않으며, 그러므로 오래갈 수 있다.

福生於無爲 患生於多欲
유안劉安(BC 179~BC 122), 《회남자淮南子》〈무칭훈繆稱訓〉
복은 자연스러운 마음에서 생기고, 근심과 재앙은 욕심이 많은 데서 생긴다.

가난하다고 해서 불행한 것이 아니다

가난하다고 해서 비굴해질 필요는 없고,

부유하다고 해서 교만해질 이유도 없습니다.

공자는 이 점을 분명히 짚었습니다.

그런데 공자의 대답은 여기서 한 걸음 더 나아갑니다.

가난하되 아첨하지 않는 것보다 더 나은 태도는,

가난하되 그 안에서 즐거움을 잃지 않는 것이라고 말합니다.

또 부유하되 교만하지 않는 것보다 더 중요한 것은,

부유하되 예를 잊지 않는 것이라고 강조합니다.

'빈이락(貧而樂)'은 가난을 미화하는 말이 아닙니다.

형편이 넉넉하지 않아도 마음까지 가난해지지는 말라는 뜻입니다.

'부이호례(富而好禮)' 또한 부를 경계하라는 말이 아닙니다.

가진 것이 많을수록 지켜야 할 태도가 있다는 가르침입니다.

가난할지라도 마음이 무너지지 않고,
풍요 속에서도 태도가 흐트러지지 않는 삶.
공자가 말한 이상(理想)은 처한 형편과 무관하게 중심이 바로 선 삶
이었습니다.

子貢曰 貧而無諂 富而無驕 何如
子曰 可也 未若貧而樂 富而好禮者也
공자孔子(BC 551~BC 479), 《논어論語》〈학이學而〉
자공이 물었다. "가난하되 아첨하지 않고, 부유하되 교만하지 않은 것은 어떻습니까?" 공자가
답했다. "그것도 좋다. 그러나 가난하되 즐거워하고, 부유하되 예를 좋아하는 것만은 못하다."

뱁새에게는 뱁새 걸음이 맞다

‘단학속부(斷鶴續鳧)’라는 말이 있습니다.

학의 다리를 길다고 자르고, 오리의 다리를 짧다며 늘린다는 뜻입니다. 자연스러운 것을 억지로 바꾸려 드는 어리석음을 경계하는 말입니다.

우리 속담에 ‘뱁새가 황새걸음을 걸으면 가랑이가 찢어진다’라는 말이 있습니다. 남의 삶을 부러워하며 무작정 따라 하다가는 도움은커녕 상처만 남습니다.

뱁새가 굳이 황새처럼 걸을 이유는 없습니다. 뱁새에게는 뱁새의 다리가 있고, 그에 어울리는 속도와 보폭이 있습니다.

다리가 짧다고 해서 느린 인생을 사는 것도 아닙니다.

자신의 리듬에 맞게 부지런히 움직이다 보면,

황새보다 더 멀리 가는 뱁새도 있을 수 있습니다.

오리의 다리를 늘리려 하지 말고, 학의 다리를 자르려 하지 마십시오. 그 순간부터 오리는 오리가 아니고, 학은 학이 아니게 됩니다.
자연을 거스른 결과는 언제나 불편함과 상실로 돌아옵니다.
도리에 어긋나는 욕심은 경계해야 합니다.

남의 기준으로 나를 재단하지도 말고,
남의 속도로 나의 걸음을 재촉하지도 마십시오.

鳧脛雖短 續之則憂 鶴脛雖長 斷之則悲
장자莊子(BC 369?~BC 286?), 《장자莊子》〈외편外篇〉
물오리의 다리는 비록 짧지만 억지로 늘이면 근심이 되고, 학의 다리는 비록 길지만 잘라내면 슬픔이 된다.

미소에 담긴 것

이백은 "왜 산에 사느냐?"라는 질문에 설명하지 않습니다.

이유를 늘어놓지도 않고, 변명하지도 않습니다.

그저 웃을 뿐입니다.

그 미소 하나로 이미 충분하다는 듯 말입니다.

'노각인생 만사비 우환여산 일소공(老覺人生 萬事非 憂患如山 一笑空)'이라는 말이 있습니다.

나이 들어 인생을 돌아보니 세상사 대부분이 부질없고, 산처럼 쌓인 근심도 한 번 웃고 나면 허공으로 흩어진다는 뜻입니다.

삶의 이유를 따지기보다 그저 지금을 받아들이는 태도를 말한 것입니다.

흔히 행복해서 웃는 것이 아니라 웃어서 행복해진다고 합니다.

미소에 담긴 것

하지만 실제 삶에서는 행복하지 않은데 웃는다는 건 그리 쉽지 않습니다. 웃어서 행복해지기 위해서는 마음을 다잡는 자기 나름의 철학이 필요합니다.

욕심을 덜어내고, 집착을 내려놓고, 굳이 붙들 필요 없는 일들에서 한 발 물러설 줄 알아야 합니다.

마음을 비우면, 굳이 설명하지 않아도 되는 순간이 생깁니다.

따지고 설득하지 않아도 되는 자리도 생깁니다.

그럴 때 나오는 미소는 체념이 아니라 여유이고,

회피가 아니라 통찰입니다.

염화시중(拈華示衆)의 미소처럼 말없이도 진리를 전할 수 있고 일상의 소소한 평온을 건넬 수도 있습니다.

당신의 미소에는 무엇이 담겨 있습니까?

問余何事棲碧山 笑而不答心自閑
이백李白(701~762), 〈산중문답山中問答〉
왜 푸른 산에 사느냐고 나에게 묻는다. 웃고서 대답하지 않으니 마음이 저절로 한가해진다.

힘써 구하고 하늘의 뜻에 맡겨라

'승거목단 수적석천(繩鋸木斷 水滴石穿)'은 노끈으로 톱질해도 나무가 끊어지고, 물방울이 떨어져도 결국엔 바위가 뚫린다는 말입니다. 작고 느린 힘이라도 멈추지 않으면 끝내 결과를 만든다는 뜻이지요.

그래서 '도를 배우는 사람'은 요령을 찾기보다 먼저 힘을 들여야 합니다. 피하지 말고, 건너뛰지 말고, 정직하게 쌓아가야 합니다.

그러나 노력만으로 모든 것이 해결되지는 않습니다.

물이 차야 도랑이 생기고, 오이가 익어야 꼭지가 떨어집니다.

때가 오지 않았는데 억지로 당기면 열매는 상하고 과정은 망치게 됩니다. 그래서 '도를 얻는 사람'은 마지막을 스스로 움켜쥐려 하지 않고, 자연의 흐름에 맡깁니다.

이를 두고 우리는 흔히 '진인사대천명(盡人事待天命)'이라 말합니다.

사람으로서 할 수 있는 일은 다하고,

그 이후는 하늘의 몫으로 남겨두는 태도입니다.

《채근담》의 글은 두 가지를 함께 말합니다.

앞에서는 힘써 구하고, 뒷일은 하늘에 맡기라고 말입니다.

서로 엇갈린 듯 보이지만, 실은 하나의 흐름입니다.

힘써 구하되 집착하지 마십시오.

최선을 다하되 조급해하지 마십시오.

할 일을 했다면, 그다음은 흘러가게 두어도 됩니다.

繩鋸木斷 水滴石穿 學道者 須加力索 水到渠成 瓜熟蒂落 得道者 一任天機
홍자성洪自誠(1550?~?), 《채근담菜根譚》

노끈으로 톱질해도 나무는 잘리고, 물방울이 떨어져도 바위는 뚫린다. 도를 배우는 사람은 반드시 힘써 구해야 한다. 물이 차면 도랑이 생기고, 오이가 익으면 꼭지가 저절로 떨어진다. 도를 얻는 사람은 모든 것을 하늘의 섭리에 맡긴다.

행복도 재앙도 모두 나로부터 비롯된다

《채근담》에서 말하는 행복과 재앙을 대하는 태도는 아주 단순
합니다.
행복은 밖에서 끌어오는 것이 아니고,
재앙 역시 누군가가 가져다주는 것도 아닙니다.
둘 다 마음으로부터 비롯된다는 것입니다.

행복을 얻고 싶다면 먼저 자기 마음부터 살펴야 합니다.
마음을 밝히고 살아갈 때에 그 삶 자체가 이미 행복을 부르고 있
는 셈입니다.

재앙 또한 마찬가지입니다.
세상에는 피할 수 없는 불운이 있지만,
그 불운이 화로 번지는지는 결국 마음에 달려 있습니다.

남을 해치려는 생각, 분노와 원망을 키우는 마음이 재앙을 불러들이는 통로가 되기 때문입니다.

행복은 탐해서 얻을 수 없고 재앙은 남 탓으로 밀어낼 수 없습니다. 행복도 재앙도 모두 내가 어떤 마음으로 살아가느냐의 결과입니다.

마음을 기르면 복이 가까워지고,
마음을 다스리면 화는 멀어집니다.

福不可徼 養喜神 以爲召福之本而已 禍不可避 去殺機 以爲遠禍之方而已
홍자성洪自誠(1550?~?), 《채근담菜根譚》
행복은 요행히 얻을 수 없으니 기쁜 마음을 길러 행복을 부르는 근본으로 삼아야 한다. 재앙은 완전히 피할 수 없으니 남을 해하려는 마음을 없애 재앙을 멀리하는 방법으로 삼아야 한다.

좋은 이웃은 집보다 소중하다

집은 돈으로 살 수 있지만, 이웃은 돈으로 살 수 있는 것이 아닙니다.

그래서 옛사람들은 집값보다 이웃값이 더 비싸다고 했습니다.

어떤 사람 곁에 머무느냐에 따라 말투가 바뀌고,

생각이 닮아가기도 하며, 삶의 결이 서서히 물듭니다.

좋고 나쁨은 가르치지 않아도 옮겨옵니다.

'근묵자흑(近墨者黑)'이란 먹을 가까이하면 절로 검어진다는 뜻이지요. 반대로 '마중지봉(麻中之蓬)'이라 하여, 삼밭 속에 난 쑥은 세워주지 않아도 곧게 자란다고 합니다.

사람도 마찬가지입니다.

누구와 함께하느냐가 그 사람의 방향을 만듭니다.

맹자의 어머니가 세 번 이사를 한 이유도 여기에 있습니다.

아이를 훈계하기 전에, 먼저 아이가 자랄 자리를 가렸습니다.

환경은 가장 조용하면서도 가장 강력한 스승이기 때문입니다.

좋은 이웃과 함께 산다는 것은 복입니다.

그리고 더 중요한 것은, 내가 누군가에게 그런 이웃이 되어주고

있는지 돌아보는 일입니다.

蓬生麻中 不扶自直 白沙在泥 不染自汚 近墨者黑 近朱者赤 居必擇隣 就必有德
주희朱熹(1130~1200), 《소학小學》
마 밭에 난 쑥은 세워주지 않아도 스스로 곧게 자라고, 진흙 속의 흰 모래는 물들이지 않아도
더러워진다. 먹을 가까이하면 검어지고, 붉은 주사를 가까이하면 붉어진다. 그러니 거처를 정
할 때는 반드시 이웃을 가려야 하고, 함께할 때는 덕 있는 사람을 택해야 한다.

사람의 덕은 향기를 오래 풍긴다

꽃향기는 바람을 타고 멀리 가지만 오래 머물지는 못합니다.
그러나 사람의 덕은 다릅니다.
덕은 눈에 보이지 않아도, 말로 드러내지 않아도 세월 속에서 천
천히 퍼지며 오래 남습니다.

향나무는 자신을 찍은 도끼에도 향을 묻힙니다.
해치려는 대상에게조차 향을 남긴다는 이 비유는 '덕'이란 무엇인
지 단번에 보여줍니다. 덕은 계산하지 않고 보답을 바라지 않으
며 머무른 자리에 흔적처럼 남습니다.

향을 싼 종이에서는 향내가 나고,
생선을 싼 종이에서는 비린내가 납니다.

무엇을 품고 사느냐에 따라 사람에게서 나는 기운도 달라질 수
밖에 없습니다.

말이 아니라 태도에서, 한 번의 행동이 아니라 반복된 삶에서 품
격은 배어납니다.
지금 당장 드러나지 않아도 괜찮습니다.
덕은 늦게 피고 오래갑니다.
그 향기는 결국 사람을 통해 사람에게 전해집니다.

花香千里行 人德萬年薰
유향劉向(BC 77~BC 6), 《설원說苑》
꽃의 향기는 천 리까지 퍼지고, 사람의 덕은 만 년 동안 향기를 남긴다.

덕을 베푸는 사람은 외롭지 않다

‘덕은 외롭지 않고 반드시 이웃이 있다’라는 우리 속담이 있습니다. 또 ‘덕이 있는 사람과는 대적할 수 없다’라는 말도 전해집니다. 덕이 높은 사람은 혼자 서 있는 듯 보이지만, 사실은 사람과 하늘의 도움을 함께 받고 있다는 뜻입니다.

고대 그리스의 철학자 플라톤은 진리와 선을 깨달은 철학자가 다스리는 ‘철인정치(哲人政治)’를 이상으로 삼았습니다.
여기에 하나를 더 보태어, 저는 ‘덕인정치(德人政治)’를 꿈꿉니다.
지혜보다 앞서는 것은 덕이며, 말보다 오래 남는 것은 사람의 품격이라고 믿기 때문입니다.

분(糞)이 쌓이면 파리가 몰려들고,
덕이 쌓이면 사람이 모여듭니다.

사사로운 이익을 발아래 두고 공공의 의로움을 머리 위에 두는
태도, 이것이야말로 덕을 쌓는 삶의 방향일 것입니다.

덕은 사람을 부르려고 애쓰지 않아도 스스로 사람을 불러냅니다.

그래서 덕을 베푸는 사람은, 끝내 외롭지 않습니다.

德不孤 必有隣
공자孔子(BC 551~BC 479), 《논어論語》〈이인里仁〉
덕이 있는 사람은 외롭지 않다. 반드시 그 곁에 이웃이 있기 때문이다.

곧고 바르게 살아라

한비자는 중국 전국 시대의 법가 사상을 집대성한 인물입니다.
그는 도덕적 선의보다 법의 공정함과 엄정함을 중시했습니다.
법은 사람을 가려 대하지 않아야 하며 권력 앞에서 흔들려서도,
약자 위에 군림해서도 안 된다고 보았습니다.
법 위에 사람 없고, 법 아래 사람 없다는 말이 여기서 나옵니다.

상황에 따라 기준이 움직여서는 안 됩니다.
저울은 올려놓은 물건이 달라져도 눈금을 바꾸지 않습니다.
무게가 달라질 뿐, 기준점은 그대로입니다.

법도 그래야 합니다.
사람이 달라졌다고 잣대가 달라진다면, 그것은 기준이 아닙니다.

그리스 신화에 나오는 정의의 여신 디케는 한 손에 칼을,
다른 한 손에 천칭을 들고 있습니다.
칼은 단호함을, 천칭은 형평과 균형을 뜻합니다.
아리스토텔레스가 말한 정의 역시 다르지 않습니다.
이와 같이 정의란 감정이 아니라 공정함입니다.

바르다는 것은 비뚤어지지 않고, 굽지 않으며, 중심을 잃지 않는
다는 뜻입니다.말과 행동이 사회의 기준에 맞고, 상황에 따라 흔
들리지 않는 태도입니다.

바르게 사는 일은 거창한 구호가 아닙니다.
마음가짐을 바로 하고, 몸가짐을 바로 하며,
하루하루의 선택에서 기준을 흐리지 않는 일입니다.
그렇게 걸어갈 때, 우리의 인생길도 좌우로 치우치지 않을 것입
니다.

法不阿貴 繩不撓曲
한비자韓非子(BC 280?~BC 233), 《한비자韓非子》〈유도有度〉
법은 신분이 귀한 사람에게 아부하지 않고, 먹줄은 굽은 데를 따라 휘지 않는다.

하나의 옳음에 머물지 마라

원효 사상의 중심에는 '화쟁(和諍)'이 있습니다.

서로 다른 주장이 부딪칠 때 그 다툼을 없애려는 것이 아니라,

다툼을 '화합의 자리'로 이끌어가려는 태도입니다.

싸움을 피하는 것이 아닌, 평화롭게 다투는 길을 찾는 것입니다.

원효는 장님과 코끼리의 비유로 이를 설명합니다.

코끼리를 만진 장님들은 각자 자기가 만진 부분을 말합니다.

누군가는 코끼리가 기둥 같다고 하고,

누군가는 부채 같다고 말합니다.

모두 코끼리를 말하고 있으니 그 말은 다옳습니다.

그러나 그 누구도 코끼리 전체를 말하지는 못합니다.

그래서 모두 옳으면서도, 모두 그릅니다.

이것이 '개시개비(皆是皆非)'입니다.

문제는 옳고 그름, 그 자체가 아닙니다.

'내가 본 것이 전부라고 믿는 마음'입니다.

부분을 붙들고 전체를 부정하는 순간, 다툼은 시작됩니다.

원효는 이를 경계하며 말합니다.

둘을 부정하지 말되, 하나에 머물지도 말라고 말이지요.

이것이 '무이이불수일(無二而不守一)'입니다.

이분법적 사고는 세상을 빠르게 정리해주지만, 동시에 많은 것을
놓치게 합니다. 참과 거짓, 옳고 그름을 단칼에 나누려 할수록
우리는 더 깊은 진실에서 멀어집니다.
나무만 보고 숲을 보지 못하는 상태가 되기 쉽습니다.

이 세상에는 하나의 옳음만 존재하지 않습니다.

각자의 자리에서, 각자의 조건 속에서 성립하는 옳음이 있습니다.

자신과 다른 옳음을 곧바로 그름으로 밀어내지 않을 때,

비로소 더 큰 옳음의 윤곽이 드러납니다.

포용이란 모두를 무작정 받아들이는 태도가 아닙니다.

자신의 옳음이 절대적이지 않음을 아는 데서 시작됩니다.

하나에 집착하지 않을 때, 다음은 배움이 됩니다.

그 자리에서 다툼은 사라지고, 이해가 자라납니다.

하나의 옳음에 머물지 마십시오.
그 너머에, 더 넓은 길이 있습니다.

皆是皆非
원효元曉(617~686), 《열반경종요涅槃經宗要》
모두 옳기도 하고, 모두 그르기도 하다.

無二而不守一
원효元曉(617~686), 《금강삼매경론金剛三昧經論》
둘을 부정하지 않되, 하나에 집착하지 않는다.

배움과 생각은 함께 가야 한다

공자는 배움과 생각을 결코 떼어놓지 않았습니다.
배움만 있고 사유가 없으면 그 앎은 머무르지 못하고 흩어지고,
생각만 있고 배움이 없으면 그 사유는 근거를 잃고 쉽게 흔들리
기 때문입니다.

배움과 생각은 동전의 양면과 같습니다.
배움은 생각에 재료를 주고 생각은 배움을 자기 것으로 만듭니다.
사유 없는 배움은 암기에 그치고 배움 없는 사유는 공상으로 흐
르기 마련입니다.

그래서 공자는 배우되 반드시 생각하라고,
또 생각하되 반드시 배우라고 말한 것입니다.

싱가포르 교육에는 '적게 가르치고 많이 배우라(Teach less, Learn more)'는 원칙이 있습니다. 교사가 모든 답을 말해주기보다 학생이 스스로 생각할 여백을 남겨두는 방식입니다.

또, 미국의 일부 학교에서는 교사가 말하는 시간을 의도적으로 줄이기도 합니다. 배움의 중심을 '말하는 사람'이 아니라 '생각하는 사람'에게 돌려주기 위해서입니다.

철학자 임마누엘 칸트는 "먼저 철학이 아니라 철학하는 법을 배워야 한다."라고 말했고, 독일의 예술역사학자 코르넬리우스 구를리트는 "생각하는 걸 가르쳐야지, 생각한 걸 가르쳐서는 안 된다."라고 했습니다.

그런데 우리는 '철학하는 법'을 배우기보다 그저 철학을 배우는 데 익숙합니다. 여전히 '생각한 것'을 전달하는 걸 편히 하고 '생각하는 법'을 기르는 데는 인색한 편입니다.

배움은 물음에서 시작됩니다.
질문이 없으면 사고는 멈추고,
사고가 멈추면 배움도 거기서 끝납니다.

유대인의 하브루타 교육처럼, 질문하고 되묻고 함께 답을 찾아
가는 과정이야말로 배움과 생각이 나란히 걷는 모습일 것입니다.

배우되 생각하십시오. 생각하되 배우십시오.
그때 배움은 지식이 아니라 힘이 되고,
생각은 공상이 아니라 지혜가 됩니다.

學而不思則罔 思而不學則殆
공자孔子(BC 551~BC 479), 《논어論語》〈위정爲政〉
배우기만 하고 생각하지 않으면 얻는 것이 없고, 생각하기만 하고 배우지 않으면 위태롭다.

나에게도 같은 잣대를 대라

'혈구지도(絜矩之道)'는 목수가 곱자로 각도를 재듯, 자기 자신을 기준으로 남을 헤아리는 태도를 말합니다. 남을 판단하기 전에 먼저 나에게 그 잣대를 들이대라는 가르침입니다.

제나라 경공 때의 일입니다.

눈이 사흘이나 내리던 날, 경공은 여우 털옷을 입고 궁궐에 앉아 설경을 바라보고 있었습니다. 그는 "며칠째 눈이 내리는데도 춥지가 않구나." 하고 감탄했습니다. 그 말을 들은 재상 안자가 조용히 나아와 이렇게 말했습니다.

"옛 어진 임금은 배부를 때 백성의 굶주림을 알았고, 따뜻할 때 백성의 추위를 알았으며, 편안할 때 백성의 수고로움을 헤아렸습니다. 한데 지금 임금께서는 그걸 깨닫지 못하십니다."

우리말 속담에 '제 배 부르니 종 배고픈 줄 모른다'라는 말이 있지요? '혈구지도'는 바로 이런 무지함을 경계합니다. 스스로가 느끼는 불편과 고통을 기준 삼아 남의 형편을 미루어 살피라는 뜻입니다. 이 가르침은 비단 그 시절에만 머무르지 않습니다.

위대한 경전들은 모두 한 방향을 가리키고 있습니다.

내가 싫은 일은 남에게도 강요하지 말라는 한 가지 원칙입니다.

문제는 기준이 늘 바깥을 향할 때 생깁니다.

남에게는 엄격하면서 나에게는 관대한 태도, 그 틈에서 불공정과 원망이 자라납니다. 기준이 하나일 때 관계는 곧아지고, 잣대가 둘일 때 관계는 금이 갑니다.

내가 하기 싫은 일을 남에게 시키지 않는 것,

내가 상처받았던 방식으로 남을 대하지 않는 것.

그 단순한 태도가 사회를 지탱합니다.

所惡於上 毋以使下 所惡於下 毋以事上 所惡於前 毋以先後 所惡於後 毋以從前
所惡於右 毋以交於左 所惡於左 毋以交於右 此之謂絜矩之道
증자曾子(BC 505~BC 435), 《대학大學》〈전傳〉
윗사람에게서 싫었던 일을 아랫사람에게 시키지 말고, 아랫사람에게서 싫었던 일을 윗사람을
섬기는 데 사용하지 마라. 앞사람에게서 싫었던 일을 뒷사람에게 하지 말고, 뒷사람에게서 싫
었던 일을 앞사람을 따르는 데 쓰지 마라. 오른쪽에 있는 사람에게서 싫었던 점을 가지고 왼쪽
에 있는 사람과 사귀지 말며, 왼쪽에 있는 사람에게서 싫었던 점을 가지고 오른쪽에 있는 사람
과 사귀지 마라. 이것을 일컬어 혈구지도라고 한다.

다름을 인정하고 같음을 지향하라

군자의 태도는 늘 미묘한 균형 위에 서 있습니다.

어울리되 휩쓸리지 않고, 다르되 배척하지 않습니다.

공자는 이를 '화이부동(和而不同)'이라 불렀습니다.

조화를 이루되 똑같아지지 않는다는 뜻입니다.

군자는 남의 의견을 기꺼이 듣습니다.

그러나 남의 말에 자신을 맡기지는 않습니다.

같음을 지향하지만, 다름을 지워버리려 하지도 않습니다.

이것이 이른바 '구동존이(求同存異)'의 태도입니다.

사람들은 흔히 다름을 틀림으로 착각합니다.

생각이 다르면 적이 되고, 입장이 다르면 갈라섭니다.

그러나 다르다는 것은 그저 관점의 차이일 뿐,

옳고 그름의 문제로 곧장 이어지지는 않습니다.

소인은 무리에 기대어 안도하려 합니다.

같은 말, 같은 편, 같은 생각 안에서만 안전을 느낍니다.

그래서 당파가 생기고, 배제가 시작됩니다.

반면 군자는 홀로 설 수 있기에 두루 어울릴 수 있습니다.

자기 기준이 분명하므로, 남과 달라도 흔들리지 않습니다.

다름을 인정하는 일은 쉽지 않습니다.

그러나 그 불편함을 견뎌낼 때, 또 다른 조화의 문이 열립니다.

같아지려 애쓰지 않아도 함께할 수 있는 것,

그것이 군자가 말한 '화(和)'의 깊이입니다.

君子和而不同 小人同而不和
공자孔子(BC 551~BC 479), 《논어論語》〈자로子路〉
군자는 두루 어울리되 같아지려 하지 않고, 소인은 같아지려 하나 두루 어울리지 못한다.

君子矜而不爭 群而不黨
공자孔子(BC 551~BC 479), 《논어論語》〈위령공衛靈公〉
군자는 긍지가 있어도 다투지 않고, 무리와 어울려도 파당을 짓지 않는다.

君子周而不比 小人比而不周
공자孔子(BC 551~BC 479), 《논어論語》〈위정爲政〉
군자는 널리 사귀되 편을 가르지 않고, 소인은 편을 가르되 널리 사귀지 않는다.

남의 고통이 곧 나의 고통이다

우임금과 후직, 그리고 안회는 서로 다른 시대를 살았고,
서로 다른 역할을 맡았던 인물입니다.
그러나 맹자는 이들이 모두 같은 '도'를 살았다고 말합니다.
그 도의 핵심은 한 가지였습니다.
남의 고통을 남의 일로 여기지 않았다는 점입니다.

우임금은 물에 빠진 백성을 보며, 그 책임을 세상의 탓이나 운명의 탓으로 돌리지 않았습니다. 후직 역시 굶주린 백성을 보며 자신과는 무관한 일로 넘기지 않았습니다.
그들은 언제나 '내가 부족해서 이런 일이 생겼다'라고 생각했습니다. 그래서 마음이 늘 빨랐고, 행동이 느긋하지 않았습니다.
맹자는 이를 두고, 처지가 바뀌어도 행동은 같았을 것이라고 말합니다. 지위나 시대가 달라도, 마음의 기준이 같았기 때문입니다.

이것이 바로 '역지즉개연(易地則皆然)'입니다.

남이 물에 빠진 것을 내가 빠진 것처럼 느끼고,

남이 굶주린 것을 나의 굶주림처럼 여기는 마음.

이것은 단순한 연민이 아닙니다.

책임을 끌어안는 태도이고,

타인의 고통을 삶의 한가운데로 들여놓는 결단입니다.

남의 고통을 나의 고통으로 여긴다는 것은 가장 어렵고,

가장 숭고한 인간다움입니다.

도는 멀리 있지 않습니다.

이 마음 하나를 과연 품을 수 있는가에 달려 있습니다.

禹 稷 顔回同道 禹思天下有溺者 由己溺之也
稷思天下有飢者 由己飢之也 是以如是其急也 禹 稷 顔子易地則皆然
맹자孟子(BC 372~BC 289), 《맹자孟子》〈이루離婁〉
우임금과 후직과 안회는 모두 같은 도를 따랐다. 우임금은 세상에 물에 빠진 사람이 있으면, 그것이 자기 때문이라고 여겼고, 후직은 세상에 굶주린 사람이 있으면, 그것이 자기 때문이라고 여겼다. 그래서 그들의 마음은 늘 그렇게 급했다. 우임금과 후직과 안회는 서로의 처지가 바뀌었더라도 모두 똑같이 행동했을 것이다.

한 손으로 손뼉을 칠 수 없다

당연하게도, 한 손으로는 손뼉을 칠 수 없습니다.

아무리 힘을 주어도 아무리 빠르게 휘둘러도 소리는 나지 않지요.

언제나 맞닿아 있을 때 소리가 생깁니다.

우리말에 '백지장도 맞들면 낫다'라는 속담이 있습니다.

아주 사소한 일조차 혼자보다 함께할 때 수월해진다는 뜻입니다.

이는 일은 물론이고, 인생도 다르지 않습니다.

어깨동무는 혼자 할 수 없습니다.

누군가 곁에 있어야 팔을 얹을 수 있습니다.

이인삼각도 마찬가지입니다.

서로 보조를 맞추고 호흡을 나누지 않으면,

한 걸음도 앞으로 나아갈 수 없습니다.

'혼자 가면 빨리 가고, 함께 가면 멀리 간다'라는 말이 있습니다.
인생은 단거리 경주가 아니라 기나긴 여정입니다.
속도보다 방향이 중요하고 성취보다 과정이 오래 남습니다.

손에 손을 맞잡고 서로의 걸음을 살피며 끝까지 동행하는 것.
그것이 한 손으로는 결코 낼 수 없는, 인생의 소리입니다.

一手獨拍 雖疾無聲
한비자韓非子(BC 280?~BC 233), 《한비자韓非子》〈공명功名〉
한 손으로 홀로 손뼉을 친다 한들 아무리 힘껏 해도 소리가 나지 않는다.

통해야 살 수 있다

《동의보감》에서 말하는 '통(通)'은 단순히 혈관이 막히지 않는 상태만을 뜻하지 않습니다.
기혈이 흐르고, 숨이 오가고,
몸 안의 길이 막히지 않은 상태를 가리킵니다.
통하지 않으면 통증이 생기고, 오래되면 결국 병이 됩니다.

이 원리는 비단 몸에만 머물지 않습니다.
길이 통해야 사람이 서로 만날 수 있고 말이 통해야 마음이 오갑니다. 글도 뜻이 통해야 읽히고, 논리도 앞뒤가 막히지 않아야 설득력을 얻습니다.

사람 사이 역시 통하지 않으면 마음이 먼저 아프기 시작합니다.
말이 막히고 마음이 닫히면, 관계는 서서히 병들어갑니다.

소통의 부재는 개인의 문제를 넘어 사회 전체의 병이 된 지 오래
입니다. 말이 막히면 사람이 막히고 사람이 막히면 공동체도 숨이
가빠집니다.
물이 고이면 물꼬를 터야 하고, 실이 엉키면 풀어야 합니다.
닫힌 문은 열어야 하고, 사람 사이에 쌓인 벽은 허물어야 합니다.
억지로 밀어붙이는 것이 아니라 흐르게 해야 합니다.

《동의보감》에서 알려주는 말은 단순한 의학적 경구가 아닙니다.
아프지 않기 위해서, 병들지 않기 위해서뿐만 아니라 함께 살아
가기 위해서 필요한 삶의 원칙입니다.
통해야 살 수 있습니다.

不痛 不通卽痛
허준許浚(1539~1615), 《동의보감東醫寶鑑》
통하면 아프지 않고, 통하지 않으면 아프다.

시비는 거는 것이 아니라 가리는 것

맹자는 인간의 마음속에 네 가지 싹, 곧 '사단(四端)'이 있다고 보았습니다. 인·의·예·지는 외부에서 주입되는 덕목이 아니라, 이미 우리 안에 씨앗처럼 자리 잡고 있는 마음이라는 뜻입니다.

그 가운데 '시비지심(是非之心)'은 지혜의 출발점입니다.
여기서 말하는 시비는 다툼이 아니라 분별입니다.
상대를 이기기 위한 시비가 아니라,
옳고 그름을 가려내는 판단의 능력입니다.

시비를 가린다는 것은 소리를 높이는 일이 아닙니다.
'누가' 옳으냐를 따지기 전에 '무엇이' 옳으냐를 살피는 일입니다.
시비를 거는 사람은 감정에 서 있지만,
시비를 가리는 사람은 기준에 서 있습니다.

오늘날 우리는 시비를 가리는 데 지혜를 쓰기보다 시비를 거는 데 힘을 쓰는 경우가 많습니다.

그러다 보니 말은 많아지고, 판단은 흐려집니다.

시비지심이 지혜의 단서가 되지 못하고 다툼의 불씨로 소비되고 마는 것입니다.

시비지심은 공격의 도구가 아닙니다.

옳고 그름을 차분히 가려, 불필요한 다툼을 줄이고 삶의 방향을 바로잡기 위한 마음입니다.

그러므로 시비는 거는 것이 아니라 가리는 것이어야 합니다.

惻隱之心 仁之端也 羞惡之心 義之端也 辭讓之心 禮之端也 是非之心 智之端也
맹자孟子(BC 372~BC 289), 《맹자孟子》〈공손추公孫丑〉
불쌍히 여기는 마음은 인의 실마리이고, 부끄러워하는 마음은 의의 실마리이며, 사양하는 마음은 예의 실마리이고, 옳고 그름을 가리는 마음은 지의 실마리이다.

바다는 어떠한 물도 마다하지 않는다

바다는 그 어떤 물도 마다하지 않습니다.

맑은 물만 받아들였다면 바다는 지금의 바다가 되지 못했을 것입니다.

가장 낮은 곳에 머물며 흘러오는 모든 물을 받아들이는 것,

그것이 바다의 크기이고 바다의 힘입니다.

예부터 바다는 포용의 상징이었습니다.

'해납백천(海納百川)'은 단순히 많이 받아들인다는 말이 아닙니다.

다름과 혼탁함까지 끌어안는 그릇의 크기를 말하는 것이지요.

배제하지 않기에 커지고, 가르지 않기에 깊어집니다.

한편 고전은 또 다른 비유를 덧붙입니다.

군주는 배이고, 사람은 물이라는 비유입니다.

물은 배를 띄우지만, 동시에 배를 뒤집을 수도 있습니다.

그래서 배는 물을 얕잡아보아서는 안 됩니다.

물의 성질을 살피고, 흐름을 거스르지 않으며,

스스로의 무게와 방향을 늘 점검해야 합니다.

포용은 무조건적인 순응이 아닙니다.

흐름을 읽고, 힘을 헤아리고, 스스로를 경계하는 태도입니다.

바다는 모든 물을 받아들이되, 자기 자리를 잃지 않습니다.

그 넓음과 낮음이 바다를 바다답게 만듭니다.

大海不棄淸濁
사마천司馬遷(BC 145?~BC 86?), 《사기史記》〈이사열전李斯列傳〉

넓고 큰 바다는 맑은 물이든 흐린 물이든 가리지 않는다.

海納百川 有容乃大
사마광司馬光(1019~1086), 《통감절요通鑑節要》

바다는 모든 냇물을 받아들이기에 그 품이 크다.

君者舟也 庶人者水也 水則載舟 水則覆舟
순자荀子(BC 298~BC 238), 《순자荀子》〈왕제王制〉

군주는 배이고, 백성은 물이다. 물은 배를 띄우기도 하지만, 뒤집기도 한다.

우물 밖으로 뛰쳐나온 개구리가 되라

《장자》에 보면, 강의 신 하백(河伯)과 바다의 신 북해약(北海若)의 대화가 나옵니다.

하백은 물이 불어나 넓어진 황하를 바라보며, 천하의 물이 모두 자신에게로 모여든 줄 알았습니다. 그러나 강물을 따라가다 끝없이 펼쳐진 북해를 보고서야 자신의 좁은 식견을 깨닫고 고개를 숙입니다.

그때 북해약은 하백에게 세 가지 한계를 일러줍니다.

바로 공간의 한계, 시간의 한계, 그리고 생각의 한계입니다.

우리말에 '바늘구멍으로 하늘 본다'라는 속담이 있습니다.

작은 구멍으로 하늘을 보곤 그것이 전부라 여기는 어리석음을 빗댄 말입니다.

플라톤의 '동굴의 비유', 니체의 '확신의 감옥'도 모두 같은 문제 의식을 담고 있습니다.

사람은 누구나 자신이 서 있는 자리에서 세상을 봅니다. 공간이 좁으면 시야도 좁아지고, 시간이 제한되면 판단도 제한됩니다. 배운 것이 전부라고 믿는 순간, 사유는 멈추고 도(道)는 닫힙니다.

'정저지와(井底之蛙)'는 세상이 넓다는 사실조차 모르는 상태를 가리킵니다.

장자가 말하고자 한 것은 다만 지식을 늘리라는 주문이 아닙니다. 자신이 보고 있는 세계가 전부가 아닐 수 있음을 늘 의심하라는 가르침입니다. 인생을 제대로 바라보고 싶다면 우물 안에서 고개 만 치켜드는 개구리가 아니라, 우물 밖으로 뛰쳐나와 바다를 마 주한 개구리가 되어야 합니다.

井蛙不可以語於海者 拘於虛也 夏蟲不可以語於冰者 篤於時也
曲士不可以語於道者 束於教也
장자莊子(BC 369?~BC 286?), 《장자莊子》〈추수秋水〉
우물 안 개구리에게 바다를 말해줄 수 없는 것은 그가 좁은 공간에 갇혀 있기 때문이고, 여름벌 레에게 얼음을 말해줄 수 없는 것은 그가 한 계절에 매여 있기 때문이며, 치우친 사람에게 도를 말해줄 수 없는 것은 그가 배운 틀에 사로잡혀 있기 때문이다.

이제부터 시작입니다. 어떠한 말을 품은 사람으로서 삶을 살아가고 싶은지 고요히 생각해봅시다.

말이 두렵지 않은 어른이 된다는 것

초판 1쇄 인쇄 2026년 1월 14일
초판 1쇄 발행 2026년 1월 21일

지은이 김이섭

펴낸이 서진   **펴낸곳** 스노우폭스북스
주소 경기도 파주시 회동길 527, 스노우폭스북스 사옥 3층
대표번호 031-927-9965   **팩스** 070-7589-0721
전자우편 edit@sfbooks.co.kr
출판신고 2015년 8월 7일(제406-2015-000159호)

ISBN 979-11-94966-26-5 (03100)
ⓒ 김이섭, 2026

스노우폭스북스는 이 책을 읽을 단 한 명의 독자를 바라보고 책을 만듭니다.
기획 취지와 개요, 연락처를 edit@sfbooks.co.kr으로 보내주십시오.
여러분의 참신한 시각, 독창적인 아이디어를 기다립니다.